管虢詩括暨葬書釋義

管輅、郭璞 著

繼大師 註

管號詩括暨葬書釋義 ── 管輅、郭璞著 ── 繼大師註解

目錄

前言 —— 網上盜版猖獗 —— 搶注商標註冊獲利

繼大師

2025年3月14日昔逢榮光園、繼大師在網上商標註冊專利期滿，前後繳交共十年網上註冊版權費約十多萬元，公司支出頗大，利潤微薄，又昔逢疫情，過去三年，本想結業，但為了對擇日及風水熱誠，想將中國五術文化繼續傳承，故勉強支持下去。

專利期屆滿兩日後，收到註冊公司口訊謂：「〈榮光園、繼大師〉已給大陸商人搶注了網上商標註冊權。」真想不到成了風水名牌，不單單在風水上，「繼大師」成了無厘頭的網上網站平台品牌。

若用微信搜查大陸網頁，在過去七年內，發現大部份繼大師著作在網上大量翻版，用PDF檔將本人大部份著作出售，原書色彩，價錢極低，打擊筆者著作意欲，盜版情況，日趨嚴重。過去曾多次通知網上註冊公司有此等情況出現，網上版權註冊公司謂要有證據，並且要扮客人訂購盜版書籍，以此為證據，亦要花大量金錢始可起訴。

若要出律師信，每封信要人民幣六千元，白白繳交多年來十多萬元的網上註冊版權費，真的得不償失，公司要賣多少書？賺多少錢？始能應付開支！只好任人宰割，又遇上無良商人，搶注商標註冊，從中獲利，公司及本人還有機會被無良商人檢控，真是荒天下之大謬。

記得以前「領匯」改為「領展」，就是因為名字給人在網上搶注，被迫改名，全無版權可言，公司及本人並無打算在大陸開拓市場，國內知識產權薄弱，未達標準，無本生利，搵快錢的人多，望情況有待改善。

現今網絡世界，帶來方便，亦帶來不少犯罪渠道，網絡詐騙嚴重，都是人心不古的問題，風水不是萬能，只是顯現因果的數據，我們都活在因緣果報之中，沒有絕對的對與錯。但願公司能繼續經營，不求賺錢，但求有足夠資金營運，這有賴各讀者的支持，祈願未來公司出版更精彩的風水擇日書籍，推廣中國文化，祈望一切進展順利！

榮光園繼大師在此聲明，公司不會替客人做陰陽二宅風水的生意，如有人假冒繼大師名義去擇日或看風水收取客人昂貴費用，必定是騙徒，避免上當，可盡快報公安或警察！

繼大師寫於香港明性洞天

乙巳仲春吉日

自序——繼大師

管輅與郭璞，在中國風水歷史上，皆是一代宗師，而唐。楊筠松風水祖師亦受管郭之影響，管輅及郭璞先生，均以風水學問出名。

二人除在風水學問上出眾外，他們均是占卜高手，每每對於自己之將來，瞭如指掌，兩人皆自知自己之死期，他們並不逃避，反而樂於接受自己之命運。管輅先生卒於年四十八歲，而郭璞則卒於年四十九歲，一病死，後者為將領王敦作亂因而被殺，他們兩人能在風水歷史上流芳百世，其原因是：

（一）精於風水學問，文學出眾，風水著作及其他文學作品能流傳至今，如郭璞編撰《山海經》、《葬書》，管輅著之《管氏指蒙》等。

（二）兩人在當時給人占卜看相，能斷人生死，能預言人們的命運，準確靈驗，人們皆信之，與人家造葬風水墓穴皆有應驗。

在寥寥可數之風水古籍中，能具有高度水準的，並不多見，筆者繼大師在閱讀《葬書》及《管號詩括》後，發覺這的確是明師筆下的風水古籍，故不揣鄙陋，將這兩篇典籍翻譯成白話文，不久，又覺得不夠詳盡，故又再將它註譯及加插圖，再將其作者管輅及郭璞先生之生平作出簡介，書名命為：

《管號詩括暨葬書釋義》

祈望愛好風水讀者們，能透過白話化，抓着中國古代風水之正確理念，不致被五花八門之現代風水學說所混淆，以古法為根本，不被偽法所誤。在此筆者繼大師謹以此書紀念恩師　呂氏生前傳授筆者風水學問，以此為序。

寫一首偈：

風水正法
智者不惑
古籍翻新
源遠傳達

繼大師寫於香港明性洞天
丁亥年孟春吉日

（一）管輅生平略傳

繼大師

管輅字公明，山東平原人，生於建安 13 年，卒於正元二年二月（公元 208 年至 256 年），其容貌醜陋，無威儀，喜愛飲酒，但從來不酒醉，只持酒以禮待客人。年八、九歲，便喜歡仰視天上星辰，遇上人們，便常問他們的名字，夜間不肯睡覺，父母常阻止他，並勸他去入睡，但未成功。

管輅自言：「**我年紀雖小，然眼中喜歡仰視天文，且家中的雞及野外的鵠，尚且知道時日，何況是人呢！**」

當與鄰居的兒童嬉戲時，常在地上土壤中，劃地作天文及日月星辰。每每在言談中，語皆不常，學者及老人皆不能說服他，且知道他有大異才能。

當長大成人後，果然明白周易，仰觀天文星像，於卜筮占相之道，無不精微，對博大精深之玄學，多有所領受，對於憎恨自己的人，並沒有仇恨他。對於喜愛及欣賞自己的人，並不褒獎他，時常以德報怨，常說以忠孝信義為做人之根本，以謙厚為本，不着重表面的東西。自言：

「知我少者。則我貴矣。怎能將切斷江漢流水的聲音。化爲激流沖石時的清樂呢。情願與志同道合之人一同論道。亦不欲與不同道之人同舟。此乃本人之志向也。」

管輅事父母孝順，兄弟順愛，士友皆仁和，對人誠懇，發自愛心，始終如一，好壞之人，與他相處之下，最終也佩服他。父親在山東琅邪（今山東膠南諸城縣一帶）為「丘長」，十五歲時，來至官舍讀書，始讀詩、論語及易本，不久便開始寫作，其辭義有文彩，時在學校內，有遠方及國內諸學生四百餘人，皆佩服其才學。

琅邪太守單子春，有才學，聞管輅在學校有聲名，欲想接見他，管輅之父親差遣他去造訪單子春，單太守請賓客百餘人同宴，其中不乏有學識及能言之士。管輅對單子春說，自己年少，膽色未夠堅剛，賓客有雄貴之姿，恐怕有失精神，要求單子春太守先給三升清酒，以壯膽量。

飲過清酒後，管輅在上座與四座之士子論易，陰陽五行、鬼神之情，對答如流，且能引用古人聖賢之經論，陳說秦漢之事，其說法皆出於自然，座下眾士皆齊發言。管輅以一少年而對應百多名論易之學者，一一對答，從善如流，而皆有餘，由早上至黃昏，皆未曾進食。

單太守對眾人謂，此少年甚有材氣，聽其言論，正似司馬犬子遊獵之賦，言論磊落雄壯，英明神武，能明白天文地理變化之數，不是徒有虛名及空言之談也，其論言之有物。此後管輅聲名大噪，在徐州號有神童之稱。（今之徐州，在江蘇省之北端，近山東省邊界，古時徐州仍屬山東琅邪之地域。）

由於管輅占卜如神，能預知未來，故此令不少人們時常求管輅占算未來，時值東漢末年，兵荒馬亂。一日，管輅隨軍西行，經過母親墳墓，他在墓側之大樹處哀吟，精神不樂，人們問其原因，他說：

「樹木雖然茂盛，但其形狀不可長久，碑上之哀詞雖美，但無後代子孫守後；元武藏頭，蒼龍無足，白虎銜屍，朱雀悲哭，四方八面知危機已備，法當滅族，不過兩年。」

正元二年，其弟管辰對管輅說：「大將軍待你那麼好，是否有富貴呢？」

管輅自嘆曰：「我自知道也，然而天給我才能，但不給我年壽，恐怕四十七八間，不能見女兒嫁人，兒子娶媳婦也。若想避免此災劫，可作洛陽令官，使路不拾遺，炮鼓不鳴，但恐怕只能泰山治鬼，不得治生人。」

管辰再問其原故，管輅答曰：「我額頭上沒有主骨，眼裏沒有眼神，鼻無梁柱，脚無足後跟，背無三甲，腹部並不圓厚，此皆非長壽之相。我本命在『寅』，在月蝕之夜出生，天有常數，不能逃避，但人們不知，我前後曾給百多人看相，他們命中注定當死，皆一一應驗也。」

是年（正元二年，公元256年）管輅任「少府丞」一職（稅收之官），明年二月卒，享年四十八歲。

管輅著有《管輅指蒙》、《管號詩括》。

管輅略傳出自於《三國志·魏志·管輅傳》「輅」音路，古代車轅上用來挽車的橫木。「號」粵音古伯切（gwik）周朝諸侯國名。在《珍藏古本堪輿秘笈奇書》（士林出版社，卷六，第567頁），內錄有《昭烈問答》，是漢蜀劉備在三分天下後，定都西蜀時，向諸葛孔明詢問關於風水用於建國等談話，內容有提及管輅。筆者繼大師節錄如下：

臣（指孔明）布衣躬耕。與平原管輅。素相友善。管輅得神授。深明天文易學。善風鑑人物。尤河曉地理。世呼爲神。……所著《管氏指蒙》、《管號詩括》。可爲形家格言。先主曰（指劉備）：此人（指管輅）目今在曹魏部下。倘與擇地。則奸愈橫。將如之何？

對曰（指孔明）：「自古賢哲。皆不肯違天以助逆。且其人好酒疏狂。容貌甚醜。額無主骨。眼無守睛。鼻無梁柱。脚無天根。背無三甲。腹無三壬。臣（指孔明）觀此人（指管輅）。只可泰山治鬼。不能治人。無足憂也。……」

以上選段談話內容，筆者繼大師解釋其要點如下：

（一）孔明是認識管輅的，且知他深懂天文地理，占卜風水易學，並著有《管氏指蒙》、《管號詩括》等書，而當時管輅以懂占卜風水出名，為天下人所認識。

（二）劉備知管輅深懂風水，又在魏國為曹操之部下，怕他以占卜及風水助奸雄而致蜀國有損。

（三）孔明以管輅之相貌，說出他好酒及身體長相有凶險，可治鬼而不能治人，以此安慰劉備，無需擔心。

這段談話內容，其中形容管輅相格之語，與《古今圖書集成》——博物彙編藝術典第 559 卷卜筮部第 467 冊之 34 頁內記載之〈魏志〉管輅自述自己之樣貌內容一樣。管輅是個知天命之人，亦知道自己的壽命，又言：

「吾本命在寅。加月蝕夜生。天有常數。不可得諱。」

此話說後，翌年二月離世，為公元 256 年，時年 48 歲。至於《昭列問答》內容有關管輅之語，其真實性，無從稽考，但於時勢及命運之下，管輅只有附於魏國為曹操之部下。

無論如何，管輅都是一個知天命的人，雖沒有郭璞那樣出名，但其占卜及風水學說，足以影響後世，為一代風水明師，為楊筠松及蔣大鴻等明師所推崇，並與郭璞齊名，古稱「管郭」是也。《本篇完》

（二）管號詩括原文（古本葬經內經，津逮叢書本）——管輅著

觀山心目要雙清。須識行藏隱顯形。夾輔龍尋真洞府。出洋時看好羅城。語君一訣去尋龍。
高陟山巔望四方。朝揖明堂和腳住。旁無他意乃真藏。尋龍未可妄登山。先看宮城向背間。

次第尊卑分首從。但將肘腕勢求端。入首尋龍固欲長。結咽有路短何妨。但看四勢相趨集。
堂宇潭潭是正藏。尋龍先認主為宗。捷徑當由水路通。纔得明堂舒敞應。純音拱輔是真龍。

尋龍龍固歸山裡。山裡須尋限水龍。限水龍行方住腳。莫教詭結別尋踪。來龍住了依然去。
來去縱由兩處分。雖結三形并四勢。奈何過氣未曾停。有勢先須融氣概。有形方始發精神。

精神散漫形生病。氣勢凋零勢未真。容易論山必召憂。千翻萬覆貴精搜。祖宗要得真苗裔。
腳手先須認去留。反肘背偏風透腋。淺唇露面穴因囚。輔門須要山重鎖。夾室直防山門頭。

重鎖明堂氣停蓄。門頭成筧水傾流。掌心握口非難識。正面當風穴亦仇。緊來須向寬中取。

慢到當于集處安。住跡沿繩求路正。臨頭峭壁合趨偏。横山無乳不堪安。降勢須將住勢看。

三分根基裁一穴。腕中來歷認真山。明堂横闊龍方住。抱穴如弓五氣鍾。朝入雖然猶脱去。

也防當面直來沖。明堂條水反如弓。萬頃桑田也着空。莫作淫聲冲脱去。唧唧啾啾閙似叢。

明堂流水轉之玄。去勢停儲應上纏。諸子富饒何足道。龍墀端簡拜龍顏。高高山背設虛鉗。

不見明堂敞面前。隔絕千峯徒誑目。長槽溜筧脱根元。如何山水應星纏。積氣成形屬上天。

山背格山山始正。水中格水水難瞞。若還據穴針針指。定是歸宮各各偏。黃鐘夾室真為美。

若是陽明要輔門。朝水明堂方立宅。縈遷去水也安墳。陽山陽水宜陽安。陰水陰山陰向便。

此是黃鐘方道法。風門六替要流天。陰陽二宅本同宗。入穴須分緩急龍。陰附後山須的實。

陽乘來勢要寬容。邋遢山頭一片皮。胸脯無乳腹無臍。東邊掘了西邊掘。那是黃庭拱紫微。
橫案須教抱一身。抱身不過動呻吟。都緣破碎明堂倒。左右偏枯更不榮。山如牛腿號琵琶。
男好貪杯女好花。若在沐宮并冠帶。定流絲竹與淫娃。或在旺宮并生氣。必守孤惸喪室家。
順水流飄皆一類。筲箕木杓不爭差。當頭正鑿必傷刑。急壙沖鋒氣不停。莫道氣來頭上結。
侵陵漏泄氣難全。隔涉見洋為激腳。案低穴露客風交。應鉗氣勢全傾脱。百殺當風坐穴高。
像形聊示依稀意。執着真形誤殺人。但得一灣鍾秀概。便令囚勢發精神。要知無拙并生活。
端在盤旋與屈伸。險濕明堂寬乃貴。平洋應案近為真。休將鶴鸛分朱頂。難回龍蛇辨逆鱗。
舞鳳豈全懷卵翼。靈龜難具畫爻文。蟹鳌只是防其奄。虎尾如何護得身。若道像形形像貴。
真形反是敗人墳。

《原文完》

（三）管號詩括白話譯文 ——【魏】管輅（管公明）著 —— 繼大師意譯

觀察山之變化，心眼兩者要雙清，繼大師註：心清，眼清。**必須識得真龍的行藏及隱顯之形態，看行龍左右之夾輔脈，**繼大師註：即左右護砂，又稱奴砂。**而尋出從何處而來之真龍出脈，出自何處之真洞府，**繼大師註：出脈自大部份由主星山峰落脈。

龍到一大片平地時，要看出龍穴之羅城，繼大師註：真龍結穴前有群山環繞，龍若到平地，則要看龍穴前方是否有略高出之地勢環繞真穴，出現在平地上不易看出，此謂之「羅城」。

現對各位說出此尋龍口訣，正是登高到山之巔頂而望向四方，遠望吉穴之朝山是否有拱揖之勢，穴之明堂和結穴之行龍真脈是否脚停而止步，除此以外，別無其他方法找出真龍所潛藏的痕跡。

尋龍勿妄自登山，要先看看龍脈，分別出山龍如宮城般的向背。繼大師註：宮城之坐為背，前方大門為向。**再來就是分別行龍之尊卑，尊貴者爲真龍主脈，卑者爲主龍左右護從之山脈。真龍主脈**

之左右護脈，其勢像人手之肘碗處，求出主脈中的穴之處。繼大師註：的穴處之左右山脈必順弓而抱穴，像人手雙肘一樣，是以龍虎定穴也。

尋龍脈時，其入首最後一節固然之要長。龍脈束咽處距離穴場短小亦何妨呢！

繼大師註：入首，即龍穴穴星星丘後第一節來脈。結咽即束咽處，是龍脈去到一處，突然收窄，謂之「結咽或束咽」，肥者曰：「蜂腰」，瘦者曰：「鶴膝」，龍脈收窄後然後放出去，再起一父母星丘，星丘下或不遠處便結穴。

看山之四勢，有趨集之勢。繼大師註：指以吉穴為中心，其正前、正後、正左、正右等四方有群山之山峰守護，且有趨向行近穴處及有朝穴之勢。**穴前明堂寬大是真正藏風聚氣之處**。繼大師註：指吉穴位於正位。

尋龍首先認出主脈真龍爲目標，其捷徑是找出水路或界水，繼大師註：界水是脈與脈之間之凹位或凹坑。**所通之處，才可以得知明堂之闊寬舒敞，若有完美拱輔主脈之守護脈，則主脈是真龍，**

追尋龍脈，則龍脈固然歸回山裏去，但在山裏必須要尋出有限水之龍。繼大師註：限水之龍，即有界水止龍氣之龍脈，界水是有橫流環繞之水流，或有凹坑或低地橫截來龍氣脈，則龍脈脈氣止而結穴。**有界水則龍行方住脚。**繼大師註：所謂界水止來龍。

若然發現結穴處有詭異，則別尋其蹤跡，來龍之氣止住了，其脈氣依然往前去（即去脈），**來龍去脈縱使由兩處分支而行，雖然又有三形幷四勢。**繼大師註：三形為來龍之後山山群、穴之左脈及右脈，稱為三形。四勢指穴前平地明堂之前、後、左、右四方山峰及山脈。三形守衛着穴場，四勢守護明堂，此乃真結地也。請參閱《四勢三形》一章內圖。

奈何龍脈過氣未曾停止，有形勢在先，必須有融合之氣概，有良好的形勢始能發出精神，若精神散漫，則其形勢必生病。繼大師註：指真龍主脈坦蕩，沒有收窄處，或平直而沒有變化而來，謂之懶坦。**氣勢凋零，則形勢未真。**繼大師註：主脈之左右單薄，或高度比主脈低，未能守護真龍主脈，或左右只有一層矮山，守護之山脈不足等。

若輕妄地談論山之形勢，則必招來憂慮，若千翻萬覆地審察山勢，則可貴之處，在於仔細地搜尋。

繼大師註：指尋龍點穴不可妄斷或大意地勘察。**祖宗山脈要得到真脈之苗裔。**繼大師註：指祖山落脈中，是真正得氣的龍脈，主脈能結真穴。

對於龍脈之手脚肢爪，首先必須能認出其去留。反肘背偏、風透腋、淺唇、露面，而吉穴因此而像被囚困一樣。

繼大師註：「反肘」背偏指主脈之左右護脈反弓及背於主脈。「風透腋」指主脈結穴處之左右有山坳凹風吹來，像人身軀之左右手張開，令腋下透風，亦謂之「界脅」。「淺唇」指吉穴面前之內堂小平地太淺，以致不能兜收吉穴餘氣。「露面」指吉穴之處凸出而急斜，左右砂不能包護而露出，以致被風所吹。指吉穴有反肘、背偏、風透腋、淺唇、露面等全部出現，則吉穴被囚。

輔門必須有山重重地關鎖着，繼大師註：輔門指穴左或右旁，山與山之間的凹峰。**夾室直防山鬭頭。**繼大師註：夾室指吉穴左右方之山脈或山峰，又稱夾耳，而夾室則以吉穴比喻一室之地，左右方

真龍行進時左右有護脈

行龍時龍身左右伸出支爪

吉穴左右方之山峰稱夾室或夾耳

穴前明堂有橫脈關鎖堂內生氣

有山拱夾着。「山鬪頭」指吉穴之左右山峰提防直峭，且有互相爭鬪之勢，提防山峰頂互相對峙，無情地尅射吉穴。

穴之正前方明堂平地外，要有多重山脈排列，以能關鎖明堂上之生氣，致生氣停蓄而凝聚於穴前；若穴左右兩方之山峯山脈頂有互鬪之勢而形成像筧水一樣地傾流開。繼大師註：指筧音簡，即引水用的長竹管；筧水，比喻水流直長而急。**掌心、握口，並非難以認識。**繼大師註：「握口」即手掌握權，大姆指與食指間露出之口一樣。「掌心」指平地中之地形，像打開手掌之掌心一樣。

穴前正面當風則如遇上仇敵，緊窄而來必須要向寬中而選取。

繼大師註：指這是指穴前之羅城中之凹峰，穴前群山環繞，唯獨有一山坳，即山與山之間的凹位，凹位有風出入，故又名凹風，又風從凹峰中正吹吉穴，取寬闊者吉，取夾窄者凶，因窄而夾，迫使風猛，故曰凶也。**若寬處當風，風則慢到，且當集合而安於一處。**

繼大師註：指明堂外之山脈寬闊凹峰正面朝穴，風由外處經凹位正面吹入明堂中而聚集，這生氣凝聚明堂內而為吉穴所受納。**在停止的地方沿着其正線，是為了求取方位的正向，穴對面的盡頭，若是峭壁要合於趨向偏斜**。繼大師註：指穴前盡處之凹位除闊外，其凹位要斜斜而下。

若橫山來脈而中間沒有像乳的脈落則不可安穴。繼大師註：指橫龍結穴要有乳脈下始可下穴。**山脈之降勢必須將脈勢之止住處看出來，落脈三分，在根基處裁一穴**。繼大師註：指真龍主脈在下降時一闊一窄，即脈氣一收一放連續三次，在最下之處所結之穴為最聚，氣盡止也，故說在根基處裁穴。

山脈像人之手腕般來脈，則認明是否真龍山脈。繼大師註：「手腕」即是來脈收窄之處，至手掌處放闊。**脈氣到處，其面前明堂有橫山山脈欄閘着，則龍氣方住，橫脈要拱抱穴場，如弓形順抱一樣，使五氣匯集**，繼大師註：金、木、水、火、土五行山形之氣。

橫脈朝入，雖然猶如脫去，繼大師註：脈像走離穴場。**但也提防宅當面直沖而來。明堂中有水流反抱背弓橫過穴場，縱使後代萬頃桑田也是着空**。繼大師註：指穴前有水流反弓，而致後代敗財。

明堂中之水流切莫發出淫褻之聲音，且沖脫而去。繼大師註：指水走離穴發出聲音而去。又像昆蟲在叢林中發出唧唧啾啾的聲音。

明堂水流要屈轉而像「之玄」字樣，水離穴而去則要有停儲，且應該在上方屈曲糾纏，眾多子孫富饒，這還用說嗎！又可在龍墀拜見皇帝。繼大師註：墀音遲，龍墀即帝皇宮殿兩傍的樓梯，之間有雕刻之龍。**端正地持着簡向皇帝稟告。**繼大師註：古代向皇帝稟告用之竹簡，形容後代發富發貴。

在高高之山背上設有虛假之鉗脈。繼大師註：指山背脈中再分出左右脈，有鉗夾着山背中脈之勢。

不見明堂在前面張開。繼大師註：即前方不見有平地或平托或氈唇。**前面山脈隔絕了千鋒，這只有欺騙自己的眼睛，有水如在長槽或在引水的長竹管內溜走而脫離本身之山脈，**繼大師註：指真水流或凹坑，亦即界水。**這又如何得到前面應星之守護呢！**。繼大師註：應星，指吉穴前面相應之山峰。

又如何得把山水之氣纏繞着呢！這脈積得地氣而成形的穴之地，是屬於天地所生。繼大師註：在高山山背上，雖有開出的右右護脈，但前面沒有明堂、平地、平托、唇托，又有高山相隔，遠方前山各山峰均不見，開出虛鉗假脈之山峰，其面前有水直流而去，所以此地並非真結之穴地。

在山背上量度山脈之來方始能正確無誤，繼大師註：指量度穴之來龍入首一節的方向，要坐在來龍脈脊上量度。這單指山崗龍而言。**在水流中量度水流之向度，則其向度難以隱瞞，**繼大師註：指平洋水龍要在水中量度水脈來龍向度。

若還依據穴中的脈向而定出穴向，則必定是歸回本宮所屬宮位而產生偏差，繼大師註：指在吉穴中不用羅盤定針，而用穴之天然向度，其吉凶各半，不能盡掌握也。**吉穴兩側有像編鐘形之山相夾是為美也。（註一）**繼大師註：指左右夾耳山高聳，有欺壓之感。

若是極之明顯，則需要有凹峯作為輔門。繼大師註：指左右夾耳山若高聳，則要成「凹」字形，中間有一凹位像門一樣，風可出入，但不可低，低則吹穴。

有流水在穴前明堂上朝來方可立穴。繼大師註：指水流流入穴方，但不是直沖，穴迎向水流，此謂之逆水。**若水在穴前明堂旋回攀繞，流水曲折，縱使流水離穴而流去，也可安墳。**繼大師註：指去水之九曲水流。

穴前之寬闊凹峰

穴前凹峰為輔門

穴前明堂有水流屈曲兜抱

穴前明堂有逆水來朝

陽山陽水宜用陽向安，陰水陰山便用陰向（**註二**）**，此即是黃鐘方術之道法**，繼大師註：此處之「黃鐘」指方向之五行陰陽。**羣山中之凹峯風門在六替方**，繼大師註：山與山間之凹位。六替方即六個凶方。**要向來水方流去**，繼大師註：或來氣方，俗稱天門。**陰陽二宅本是同宗**；繼大師註：指墓宅及陽居同源。

來龍入首一節，繼大師註：吉穴之父母山丘後之入首山脈。**必須分出是緩或是急，附在吉穴後方屬陰之來脈必須是實的，乘着脈的來勢而屬陽的要寬容**。繼大師註：凸脈屬陰，凹脈屬陽，此處說出來龍陰脈與陽脈入首之分別。

骯髒的山頭一片皮，繼大師註：皮即草木；山脈為龍，泥土是龍肉，石是龍骨，水是龍血，草木是龍皮；若是平洋龍，則水流是水龍。此處原文是「邋遢山頭一片皮」，「邋遢」是廣東話俗語，其實是中國古代之文言文，指草木雜亂茂盛而不潔，其意與以下數句連貫而解說。

胸部無乳脈，腹部無臍，繼大師註：用人身比喻山形。**山頂落脈至一定高度，其中沒有變化，沒**

有像乳的脈則沒有左右護脈而不能結穴，乳脈是凸脈，屬陰脈；而落脈沒有窩脈即沒有肚臍，窩脈屬陽，穴結窩中之一突，沒有窩則脈不開左右護脈，沒有一突則不能結穴。東邊掘了，西邊又掘，

繼大師註：指不懂點穴的人亂點一通。那是像黃庭拱紫微一樣。

繼大師註：黃庭是指人身肚與胸之中間部位，紫微即紫微星，象徵帝王宮殿，這比喻雖得中間位置，但還有些欠缺陷。

必須面前有一橫欄之案山環抱着，繼大師註：近穴橫欄之山脈。雖然有案山環抱着，這只不過像有病苦時發出呻吟的聲音一樣，都因爲圍繞着的破碎明堂而倒下，繼大師註：平地，指高出來的平地、平托、唇托等。主脈的左右護脈有偏枯，繼大師註：左右護脈不夠或低於主脈，不能守護主脈，或有所欠缺，如有左脈而沒有右脈等。護脈更不榮。

山之形狀如牛腿，號稱「琵琶」，主後代男的貪花飲酒，女的好花。繼大師註：指後代尅應風流。

若其方位在沐浴及冠帶方，繼大師註：請參閱「五方應對」一文中的（**註二**）六相及六替的解釋。

後代定入於賣唱與淫娃之流；若其方位在旺宮並且是生氣位，女的必是守寡，且入喪家之門。若穴前順水長流飄走皆是這一類，像背箕木杓的山形也是相差無幾。若在穴之當頭正正地方鑿破，則後代必有刑傷，有急斜坑壙沖下，使氣不停，莫說是氣從頭上來結，是侵犯漏泄而脈氣難全也。

若穴前在隔涉處見洋洋大水稱之為「激脚」，若穴前之案山低，而穴露出，則外來之風吹來相交吹穴，穴之左右方應有鉗脈，其氣勢傾脫，則百殺乘風而吹到穴上。

山之形像是聊表少許生氣之情意，若執着其真實之形象，則謬誤而殺人。繼大師註：指喝形點穴是大謬，不以證穴之法去點穴，若然葬下，後代易滅絕。

但能得到一條彎彎的流水拱抱，便令到因流水之勢而使到吉穴精神煥發；要知道沒有笨拙的，並且是生動的、活的，就是水流端在明堂上而盤旋、屈曲及伸延；險要低濕的明堂要寬闊順弓乃貴也。

平洋地之結穴，繼大師註：指一大片平地有水流在其中，如中國華北平原一帶及上海江蘇一帶。以穴前有相應之間作近案為真，繼大師註：非常近穴之案山。休將鶴和鸛分出其紅色的頭頂，（註三），

難向龍與蛇分辨其鱗之逆，舞動的鳳豈是全部都懷卵呢！繼大師註：懷卵即懷孕**即使靈龜亦難以畫卦爻之文，螃蟹第一對像鉗子的足只是用作自衛，老虎的尾巴又如何以保護自己身體呢！若說山形像生物，其形像可貴，則真形反是敗人家之墳。**繼大師註：指用喝形點穴是謬說，不能用像物之形用作點穴。

（**註一**）：原文是「**黃鐘夾室真爲美**」，黃鐘是中國古代十二音律之首個音音名，屬陽律的有六個，即：黃鐘、太簇、姑洗、蕤賓、夷則、無射；屬於陰律的有六個，即：大呂、夾鐘、仲呂、林鐘、南呂、應鐘。此處之「黃鐘」二字，是指戰國時期之「編鐘」古樂器，是青銅製造，用架吊着，以敲擊而發聲。

「室」是古人房屋之內部，前叫堂，堂後以牆隔開，後部中央叫室，室的東西兩側叫房，「夾室」即形容以吉穴為中心，其正正左右兩側之山相夾也，今在風水上稱為「夾耳」之山，以吉穴作頭，兩耳相夾之意喻也。即形容以吉穴為中心，其正正左右兩側之山相夾，今在風水上稱為「夾耳」之山，以吉穴作頭，兩耳相夾之意喻。

全句意思是：**吉穴之左右山峯像編鐘之形狀一樣美。由於「黃鐘」又指「子月」之月令，屬北方，故亦指方向之五行。**

戰國前期各種編鐘之形狀（約 BC 476-369 年）於北京紫禁城故宮博物院內有展示。附圖如下。

（**註二**）：此說法是山水及方向之淨陰淨陽固定說法，以定法借說陰陽而立向。在《地理辨正疏》內卷之二（武陵版第 112 頁），由唐。曾求己所撰寫之**《青囊序》**有云：

「陽山陽向水流陽。執定此說甚卜荒唐。陰山陰向水流陰。笑殺拘泥都一般。若能勘破箇中理。妙用本來同一體。陰陽相見兩為難。一山一水何足言。」

明末清初之蔣大鴻祖師註解是：

夫淨陰淨陽者。一山止論一山之陰陽。一水止論一水之陰陽。故拘執有形。不能觸類旁通耳。元空大卦一山不論一山之陰陽而論與此山相見之陰陽。一水不論一水之陰陽而論與此水相見之陰陽。

楊筠松著**《都天寶照經》〈中篇〉**云：**「時師但知講八卦。卻把陰陽分兩下。陰山只用陽水朝。陰水**

只用陽山照。俗夫不識天機妙。自把山龍錯顛倒。」

蔣大鴻註解：陰山陽山。陰水陽水。皆現成名色。處處是死的。惟有那些子是活的。些子一變。陰不是陰。陽不是陽。陰可作陽。陽可作陰。故曰識得五行顛倒顛。便是大羅仙。

証明楊筠松先師是熟讀三國時代管輅所著《管虢詩括》，所以引用山水陰陽之說法，這必須以方向之陰陽，配合吉穴元運之陰陽，再配合穴前山水之陰陽，方能為用。

（**註三**）：鶴的羽毛白色或灰色，頭小頸長，頭頂紅色，腿細長，嘴長而直，翅膀大而善於飛翔，常居於沼澤及平原水邊，有白鶴、灰鶴及丹頂鶴等。

鸛，音貫，體形像鶴或鷺，嘴長而長，亦是大翅膀，尾巴短，羽毛白色、黑色或黑色，腳長而紅色，鶴與鸛長相相似，唯一是鶴頂是紅色，作者管輅之意思是以鶴與鸛作比喻，其中地形不可拘泥於小節，亦不可以像物之地形作為點穴之憑據，這皆是偏差而大謬的作法。

戰國前期之編鐘 B. C. 476 - 369　　繼大師　攝於北京紫禁城故宮博物院

戰國前期之編鐘 B. C. 476 - 369

繼大師 攝於北京紫禁城故宮博物院

（四）管號詩括分段註譯 ——【魏】管輅（管公明）著

繼大師註解

原文：**觀山心目要雙清。須識行藏隱顯形。夾輔龍尋真洞府。出洋時看好羅城。**

繼大師註：風水之尋龍點穴，除了得明師真傳之外，要膽大心細，心水要清，必須具有尋龍點穴之眼力，明白真龍的行藏，或隱或顯，都要認得出。

大凡真龍，開始必是高山，最好有尖峰石山，此為龍之祖山，由山群之一方，行至海之一方，沿途山脈起出不同之山峰，由高漸低，由粗頑變作秀麗，主脈在中間，由發出之脈，其山峰名祖山，出脈後沿脈身前去，脈在左右兩邊向外伸出，是龍脈之肢爪。

當主脈前進，其左右分別出現有山脈，與主脈一同前進，三條左、右、中山脈，之間是凹下去的，下雨時，有水流流過，是為之界水，玩句話說，主脈行進之同時，左右有相夾之脈來輔助。護龍，稱為「夾輔」，或「護纏、奴砂、龍虎護砂」等，若有此等形勢，必是真龍無疑，前去必有真穴可結。

「出洋」指龍脈離開發脈的地方很遠，若龍脈有結穴，我們觀察脈端在一大片平地之前，平地四周，又有群山環繞，如城牆一樣，稱為「羅城」，看見這具有羅城之大平地，主脈又止於平地之前面，則龍脈多是有穴可結。

原文：**語君一訣去尋龍。高陟山巔望四方。朝揖明堂和腳住。旁無他意乃真藏。**

繼大師註：管輅先生指出尋出真龍脈之法，除了左右有守護之脈外，我們要登到山之巔，峰之頂，在高處環望四方，望向何山脈是真龍脈，脈止之處是否有遠山對朝，朝山與穴位之間，又是否有一大片平地作為穴之明堂。

若有此種形勢，龍脈所停止之處，多有結穴，四周之形勢若符合此種格局，又沒有其他另類之山勢，這便是真正的龍脈所藏身之處。

原文：**尋龍未可妄登山。先看宮城向背間。次第尊卑分首從。但將肘腕勢求端。入首尋龍固欲長。結咽有路短何妨。但看四勢相趨集。堂宇潭潭是正藏。**

繼大師註：此句「未可妄登山」，是指在山脈四周環境下，已有細心詳盡的觀察，若山脈有結穴形勢，然後開始登上附近之高山再去勘察，免得自己無目標地隨處登山去，可省下腳力。

尋龍點穴，首先看龍脈之向及背，像宮殿城市之背及向一樣，龍脈以石塊多的一面為背，背多受風吹雨打，山石巉巖，泥土少，植物並不茂盛，龍脈粗頑；若是龍脈之向，石塊必定少，甚至沒有，泥土多，樹木茂盛，山脈秀麗，雨水充足之故。

其次，尋龍看龍脈之主脈及次脈，主脈一定在中間行走，兩旁有護脈同行守護，亦稱「護從」，像大人物出巡，其左右必有隨從官員一同護行。

觀乎此，定知主脈所在，再看主脈發脈處，沿龍脈而下，測定其山峰與山峰之路線，其去脈在那方，若龍脈將結穴，必生出一主峰，端正圓厚，山峰中間落脈，左右同時有護脈，像人之肘腕，此即穴之左右龍虎侍砂，即最近穴左右之內護脈。主脈要正，星峰要端的，此為父母星。

「入首」者，是龍脈將結穴，脈氣必定收窄，此收窄處，是將來脈之地氣再集結重整，幼長之形狀名「鶴膝」，肥闊之狀名「蜂腰」，此收窄之脈，再連着一山丘或一山峰，此處便是龍之入首，又稱「到頭一節，又為「束咽」或「結咽」，其相連之山丘，便是穴後方最接近之靠山。

龍之入首，其方向及形狀有很多種變化，有直來、橫來、曲來、飛來、頓來、潛來，長短不一，入首連着山丘，山丘再由中間落脈，左右分出護脈，穴結中脈之間。

再看穴之四勢是否相應，「四勢」即是以穴為中心，其正前、正後、正左、正右等四方有山峰端正相夾，左右稱為「夾耳」，後方是靠山，前方近者為案山，遠者為朝山。

穴之近方左右龍虎砂之內為內明堂，內明堂要緊聚，要端正平正，內龍虎之外，其平地要廣大，為外明堂也，內堂聚，外堂大，外明堂前方盡處，要有山脈群峰環護，為穴之「羅城」，此等形勢，是真龍真結所藏之穴地。

來龍
支爪
支爪
支爪
支爪
支爪
支爪
支爪
夾耳
夾耳
束咽
白虎砂
白虎砂
內明堂
青龍砂
青龍砂
青龍砂
外明堂
橫案
水口砂
水口砂
羅城
朝山

真龍結穴圖

三形衛其玄室

四勢衛其明堂

原文：**尋龍先認主為宗。捷徑當由水路通。纔得明堂舒敞應。純音拱輔是真龍。尋龍龍固歸山裏。山裏須尋限水龍。限水龍行方住脚。莫教詭結別尋踪。**

繼大師註：尋出真龍脈，首先能確認是主脈，又認定其源頭及出脈處，何者為其太祖山、少祖山、祖山、父母山等，尋真龍之捷徑是看水流，兩水相夾便是真龍脈，龍脈止處有平地明堂，內明堂要內緊，外明堂要外闊，寬闊適宜，應該闊就闊，應該窄就窄。

打探出有守護脈之山脈為主脈，便是真龍，前有拱山衛護，穴必止其真龍脈端，左右為輔脈，尋真龍要在深山出脈之處，知其根源，知其來龍去脈。這「限水龍」，即是有水流限制看山脈之去向。

看兩水流前行，或擺左擺右，即知真龍之行踪，行到龍脈止處，必有橫水橫截着真龍，便知龍脈所住脚之處，便有結作之穴，若是脫離此種形狀，或是有異或不正常之水流，或是三叉水，即非真龍之行踪。

原文：**來龍住了依然去。來去縱由兩處分。雖結三形并四勢。奈何過氣未曾停。有勢先須融氣概。有形方始發精神。精神散漫形生病。氣勢凋零勢未真。**

繼大師註：來龍雖然長遠，但並非只結得一個穴，或在結穴後，龍脈繼續前行，有些龍脈到某一處再分出兩條支脈，兩條支脈之兩旁，亦有龍虎左右護脈，換句話說，兩條之脈均是真龍，均有左右護纏，然而兩條支脈分別成為自己的龍或虎脈，則最少可有兩穴可結。

有一些行龍，當分出兩條支脈時，雖然有「三形」出現，「三形」者，本身來龍之山脈，即是後靠山，左方及右方亦有山脈環繞，後、左、右之山勢，本身居中，是為「三形」。

又雖然有「四勢」，「四勢」者，穴本身來龍一方之脈，包括穴之下方餘脈，前方明堂是一大片平地，以平地明堂為中心，其前、後、左、右四方山勢，均圍繞着明堂，故管轄在《管氏指蒙》中之〈卷二〉〈十八〉〈四勢三形〉云：

「三形衛其玄室。四勢衛其明堂。」

「玄室」亦可作「元室」，即穴也，穴在三形之中，而明堂又在四勢之內，明堂又為了龍穴而出現，故結穴處為所有地物之中心。

但是當行龍分出兩支脈時，地勢上是有明堂，而雖然「三形、四勢」均出現；但若龍脈脈氣不止下來，而是轉到其他地脈去，或轉去成橫脈，或在平地中消失，這並非不見了，而是山崗之脈一到平地之上，就很難看出脈之去向，必須看平地中之水流，或看其略高出之平坡，要真得明師傳授訣法，始能看出龍穴之結作。

「有勢先須融氣概」，是指出山脈真龍到了某一處地方，在那點向四周望去，後方山峰，左、右之群山山形，以及前方之平地明堂，明堂外之山嶺群峰，均是顧及此點地方的，是得到四周形勢之照顧，有彼此互相融入之感覺。這樣穴之精神始顯露出來。

來龍之形勢，若脈長而沒有擺動及變化，或是形狀千篇一律，沒有高低起伏，不欲前行，這稱為「散漫」，氣勢凋零，這出現在行龍至入首之間，是龍之病態，是瑕疵。龍之病態有六大點：

（一）龍脈大而扁闊，沒有高低起伏及變化，沒有動力精神。

（二）龍脈大而粗雄，脈氣急跌而帶煞，沒有略平之地方去緩衝急斜之脈。

（三）龍脈大而梟長，脈長而幼，沒有變化及高低，脈長而直，脈氣必帶煞氣。

（四）龍脈大而短縮，脈縮而短，脈氣微弱，縱然有穴可結，力量少。

（五）龍脈大而雜亂，大龍脈分出很多幼脈，或是脈多而沒有一條是主脈，亂脈一大堆，是脈氣雜亂，或縱或橫或斜、歪、曲、直不等。

（六）龍脈大而懶怛，脈氣散漫，平鋪直敍，脈氣懶散無收無放，脈平闊一堆，不高不低，平平而去。

以上六大點均是龍脈精神散漫、氣勢凋零之口訣。

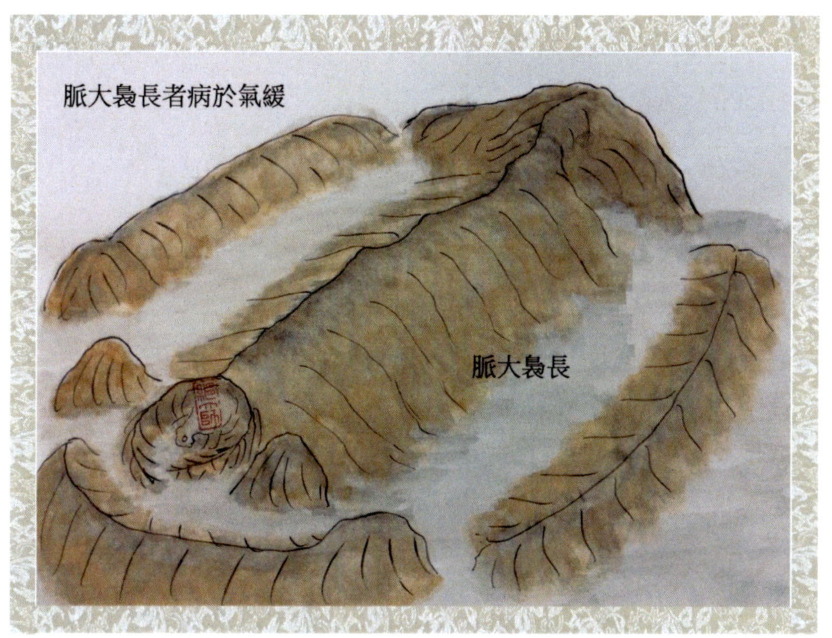

脈大㲋長者病於氣緩

脈窄硬直者病於氣速

脈大雜亂者病於無踪

脈大懶怛者病於無收

原文：**容易論山必召憂。十翻萬覆貴精搜。祖宗要得真苗裔。腳手先須認去留。反肘背偏風透腋。淺唇露面穴因囚。**

繼大師註：管輅先生說出一般真實常理，若有福主請風水先生勘察地理祖墳，而請來之風水師，說話滔滔，論山不絕，似乎很容易似的，這有兩種可能，一是真的真材實料，而風水功夫已入化境，一是順口開河，學理似是而非，口語只是迎合主家之口吻，話語盡是好聽，這而憑主人家之觀察力而分辨真偽，故是令人擔憂的。再者是自信力太高，看低及輕視所看之山，以致勘察錯誤。

若主人家所請之風水師，其言談及行為是非常謹慎的，而勘察時亦小心翼翼，不容有錯失的，說話老實有道理，這樣的地師，正是負責任也，故細心觀察則不易出錯。

用這種準則去請風水師，雖然並非一定準確，但有此原則，雖不中亦不遠矣。管輅先生亦說出，真龍真穴要能判斷及確認，「祖宗」者，指龍之發脈地方，多是山峰高聳，最好是火形山，然後生出無數支脈，取得真龍地脈，正是「真苗裔」。

龍脈行到將結穴處，主脈之左右，分出兩脈作護脈，是為脈之龍虎，而主脈本身在左右方伸出向下之餘脈，是龍之手腳，手腳向來龍之後方轉推去，即是主脈正前進，若手腳推向去脈之方，即是龍脈將止而有穴可結。此法是龍法中定去留之口訣。

結穴者，則穴之左右有護脈包穴，就如同人之手臂及肘也，切不可反手背去穴方，要順弓抱穴，左右護脈亦不可編斜或透風，或穴近側有深坑而左右龍虎護脈又太遠，則穴之脇部（腋下）被風吹或割氣，被界水逼脇，此稱為「割脇」或「刐脇」，與穴被風吹，同樣是凶。

穴上近前方之小平地，稱為穴之「唇托」，若托淺則穴易露出；左右護脈包不過穴，穴受風吹，此為「露面」，多是因為近穴之四周山勢高聳，故穴被四面所困，為「囚」也，此皆凶。

原文：**輔門須要山重鎖。夾室直防山門頭。重鎖明堂氣停蓄。門頭成覓水傾流。掌心握口非難識。正面當風穴亦仇。緊來須向寬中取。慢到當于集處安。**

繼大師註：「輔門」者，又稱「風門」，即是山與山峰之間之位，其凹位有吹風過，故是坳峰，吹過之風稱為「坳風」，若「坳峰」出現於穴之正前方，為穴之正朝，像門一樣，故稱「輔門」或「天門」，而輔門之外，要有山峰填補，則風不入坳而坳風不生，若填補之山峰重重，穴則更貴，且發福悠久。

「夾室」者，即是穴之所在地，穴之左右護脈，由穴方伸出，包到穴前之明堂，其端在穴之前方，兩護脈之端若人之拳頭，且在同一橫綫上互相對峙，是謂「鬥頭」，主後代之兄弟不和。

穴之明堂，其四周若有多重山圍繞，則生氣凝聚，大吉也。若穴前方有水流直來直去，無論近遠皆凶，若在左右對峙，或有水像引水竹管直出而傾流，皆凶。

在平地上之地脈，若出現像掌心的形狀，中間凹窩少許，四周有略高之平坡，中間略凸而有氣脈，這是平地之結穴地形，稱為「掌心穴」，作者管輅說出，此等穴形，並非難認，穴前切忌有風正面吹來，又要注意，來脈若很窄地來，然後突然濶開，必須要在開闊之處作穴，要在有變化之處取之。若平脈很緩慢而來，要在脈氣集中處下穴。

以上在平地取穴上，管轄説得略抽象，沒有實體地説，只道出原則，這必須要有明師實地傳授，尤其是脈法是很細微的，稍一不慎，則易犯上凶煞。

原文：**住跡沿繩求路正。臨頭峭壁合趨偏。橫山無乳不堪安。降勢須將住勢看。三分根基裁一穴。腕中來歷認真山。明堂橫闊龍方住。抱穴如弓五氣鍾。朝入雖然猶脫去。也防當面直來沖。**

繼大師註：這「住跡沿繩求路正」，是指龍沿上方向下面行去，觀察其軌跡，像繩索一樣，其相連之脈跡，從那一方來，要很清楚地量度其來脈入首之方位及方向，脈要正，兩傍有脈守護。

脈到了盡頭，其下方若是峭壁，其橫過之峭壁，其橫綫要與穴之方向成十字形，或互相迎合、相就，一般若穴前是峭壁，必是高結之穴，穴前一定要有橫放之山關欄，橫案之山把地氣截着，穴始得氣，案山之間是坑或崖，則主穴只發一代，第二代便敗退。

斷山之口訣，除了左方青龍砂為一、四、七房，中間前砂為二、五、八房，右方白虎砂為三、六、九房之外，每一層山，亦可判斷為一代，兩層兩代，三層則第三代，如此類推。

一般行龍，可分：

「直龍、橫龍、側龍、順龍、逆龍、迴龍、斜龍、飛龍等。」

直龍是脈氣從穴之正後方來，穴之方向及背靠，與來龍之靠山及父母山均同一直綫，若有相差，只有少許差別。

側龍是直脈從後方來，而主脈之左右龍虎護脈是垂直，與主脈平行，但主脈行至末段將結穴之數節山脈間，主脈突然偏左、或偏右而行，主脈行龍側去結穴，但其左右之護脈是垂直而來，故是側龍，是直龍之變體。

順龍是龍與水流流去之方向相同，故順行。

逆龍是龍與水流流來之方向相反，逆去而行，故逆行。

迴龍是龍脈來源很長，作「∪」形迴轉，脈在迴轉後便結穴，穴朝來龍祖山。

斜龍是脈在山峰之左或右斜出而落下結穴，屬次一等之龍穴。

飛龍是行龍全在山崗頂上，兩邊有更高之山脈包着，來龍祖山又在更高之位置上起出祖山，龍脈在山崗頂行，至到頭一節之脈，突然跌下深處，再起出一山崗，穴結山崗之頂，是順騎龍穴地，行龍在一大片山崗之頂上前行，故曰飛龍，大貴之地。

橫龍是龍脈在前進時，穴不是在脈之端部或尾部或頭部，而是在龍脈之左右旁脈結穴，如龍脈由北至南來，穴在東邊之橫脈下方，西邊又有高山作為穴之遠樂靠山，而在主脈之東面落出之橫脈，必須有凸出脈，是為乳狀，稱「乳脈」。

橫脈一般是直直的，橫木形也，像一支筆放在地上一樣，穴在旁邊有凸出之乳脈下結，故稱「橫山無乳不堪安」。

龍脈降下之勢，必須出現有將停止之形勢，例如在山腳下，脈突然平緩，出現有一平台，平台之前又有橫放的山攔截着，這便是脈止之勢。「三分根基截一穴」者，是指龍脈之收窄與放出，一收一放，脈氣始強，有變化也。

另一個解釋，是龍脈行進時，到父母山丘處，山丘中落主脈，兩旁開出護脈，山丘之後方及兩護脈之外方是為「一分」，穴之龍虎護脈之凹位為「二分」，結穴之側旁凹位是為「三分」，即是大八字水、小八字水、外八字水及內八字水。

界水凹位是凹形，山脈是凸形，有凹就有凸，故有護脈就有界水，是整體看的，故穴只在最中間的位置略凸之地方上結穴。此乃點穴口訣，註者繼大師在學習風水期間，幾經歷練始明白，得來不易。

山脈像人之手腕形狀而來，大拇指及食指是左右龍虎護脈，兩指中間之凹位是「合谷穴」，凹位略凸之上，便是正穴，穴之正前方要有橫放之山闌着，方能截着龍氣，又要順弓環抱穴場，則五行之氣便止，即：

「乘金、相水、印木、穴土、地火」。

案山朝入向穴，其背雖然像脱出外去之脈，但要提防有直水沖來穴方，是為「沖心水」，水忌直長木形，更忌當心穿來穴中。

原文：**明堂條水反如弓。萬頃桑田也着空。莫作淫聲沖脱去。唧唧啾啾鬧似叢。明堂流水轉之玄。去勢停儲應上纏。諸子富饒何足道。龍墀端簡拜龍顏。**

繼大師註：穴前若見有水流反弓而背穴，是為「背水城」，穴見如在圓形之外，水反、水背、反弓皆為「水反如弓」，主穴後代第二房人家財退敗，田地也失去，人財兩敗。

穴前之明堂有流水，且不斷地發出聲音，似在草叢內之蟲鳥叫聲，此乃淫聲，主出人淫賤。穴前有水流屈曲而來，或作屈曲而去，去之方又有山群大嶺環繞，此乃「之玄水」，主富貴。

若是龍厚穴吉之大地，有可能出高官，或是國家高級領導人，穴前中間，亦主應後代第二房人發旺。

原文：**高高山背設虛鉗。不見明堂敞面前。隔絕千峯徒誑目。長槽溜筧脱根元。如何山水應星纏。積氣成形屬上天。**

繼大師註：若在高山山背之上，雖然有左右略高出之脈作護纏，近穴之左右脈略直者為「鉗」，但穴前並不看見有平地明堂，前有一山阻隔，山外雖有千重山峰，但穴中不見，此乃虛花假穴。在高山山背上，沒有更高之山環繞，則受四方八面之風所吹，沒有後靠，故左右之護脈是虛有之鉗砂，頭受風吹，前面閉塞，沒有天光之氣，故不宜取用。

穴前若有横坑長如槽，是謂「茶槽之水」，陷坑氣不易聚，皆不宜見。穴前若有水流如竹管地流出外，生氣流走，兩旁之脈氣亦隨着它脱離本身山脈之氣，凶也。

穴之正前、正後、正左及正右方所出現之山峰稱為「應星」，當四個山峰互相對峙，而成十字線，十字線之中心點是穴，此名「天心十度證穴法」，當四周山勢出現，四勢就穴配合，成就得氣之穴地，此乃天地間自然生成的，非人為可做。

原文：**山背格山山始正。水中格水水難瞞。若還據穴針針指。定是歸宮各各偏。**
黃鐘夾室真為美。若是陽明要輔門。朝水明堂方立宅。縈遷去水也安墳。

繼大師註：當我們點得真龍結穴之後，開始要決定穴之坐向，我們就是在穴之來脈到頭一節之上，量度其脈之來方，然後再由來龍脈氣之方去決定穴之坐向；在量度來龍時，要在到頭一節之來脈上，背着來龍，度去去脈，是為騎着龍而格之，這樣必能準確地度出其來脈方向。

來龍到頭一節，是在脈氣突然收窄之處，連着山丘，而山丘是穴之父母星，格龍一定要在此處格之方準，然後配合坐山、方向及水口方，謂之「龍、山、向、水之配合法」。

來龍與穴向要在旺方，龍以坐方（即來方）為旺，穴以向方為旺，穴之坐山與穴之出水口方要在衰方，水以衰為旺，坐山以坐衰為旺，這純粹是在理氣方面計算其衰旺之方法。

「原文：**若還據穴針針指。定是歸宮各各偏。**」這兩句是指不能依照穴上之脈而定出穴之方向，這格龍之脈，比穴後之脈還要後多一至兩節，若依照穴上之來脈，則其方向與來龍到頭一節之處，方位多會偏差。

在三元元空大卦中，其來龍之坐山若與穴墳碑向相同，即是犯在卦理上之謂「伏吟」，碑向犯上龍坐山之沖煞。

若坐山與向度剛好相對方向，則是犯「反吟」，故【唐】楊筠松地師謂：「反吟伏吟禍難當。」

穴本身具有天然之向度，其朝山最正之方，多是穴之特朝方向，故立向要巒頭形勢配合方向之理氣。

「黃鐘」是引用其圓金形之山，或圓頭兩邊伸開之山峰，若得此山峰在穴之左右，如人之耳部，在兩旁相夾，則穴甚吉，稱之為「夾耳」。

穴前正方若是山峰與山峰間之凹位，稱之為「凹風」或「風門、天門、坳峰、輔門」等；這如同陽居之大門對出之闉門門樓一樣，有這「輔門」出現，穴應人丁大旺。

穴之前方明堂有水流朝來，或有水流流入池塘，池塘正對吉穴，是謂水聚天心，生氣凝聚，人財兩旺。若穴前之明堂有水流之玄屈曲而去，是謂「九曲水」，來去皆大吉，不怕水走，因水流屈曲，生氣在凝聚後始慢慢流離穴墳方向。

原文：**陽山陽水宜陽安。陰水陰山陰向便。此是黃鐘方道法。風門六替要流天。陰陽二宅本同宗。入穴須分緩急龍。陰附後山須的實。陽乘來勢要寬容。**

繼大師註：在風水學上，水是流動的屬陽，山是不動的屬陰，在方向上，羅盤上亦分出有屬陰或屬陽之綫度，山之氣稱「黃氣」，水之氣稱「白氣」，黃氣配陽卦，白氣配陰卦，指的是在下元元運，若在上元元運，則相反配置。

管輅說出這是方位之法，「黃鐘」指古代黃鐘十二律，即現代之平均十二音律，在一個八度音域內有十二個半音出現，古時是代表十二地支之方向，分配在一個三百六十度之圓周內，這更指出方向要配山水中的陰陽去立出碑墳之向度。

「風門」是指穴前正朝之山峰與山峰間之凹位，是為「天門」，方向要避開六個凶方，一個圓周為十二黃鐘，亦指十二地支，則是六個陽向及六個陰向，陰陽配正是大吉，錯配陰陽是大凶，古人不分陰陽二宅，皆是同一道理，今日強而分之，是掩飾自己對陰宅龍脈之無知。

當點得真龍真穴之後，要認出來龍到頭一節之脈氣是急或是緩，或是凹脈，或是凸脈，在巒頭形勢上來說，凹脈屬陽，凸脈屬陰，凸的來脈要明顯，但不一定是窄，脈氣位置要準確落下，而凹的陽脈，由於脈凹，故較凸脈為寬闊，此皆指穴是乘脈之勢而結穴。此種點穴功夫，必須能得明師親傳，只能領會。

原文：**邋遢山頭一月片皮。胸脯無乳腹無臍。東邊掘了西邊掘。那是黃庭拱紫微。**
橫案須教抱一身。抱身不過動呻吟。都緣破碎明堂倒。左右偏枯更不榮。

繼大師註：山頭一片邋遢，廣東話俗語，即是骯髒，意思是山脈上之樹木茂盛，但只有矮小植物，或草，凌亂不堪，鋪着山脈之表面，像皮一樣，山脈在落脈時，沒有凸出之脈，即無乳，中間之脈當落到中間時，沒有凹出之平地，像人身中的腹部沒有肚臍一樣，點穴之人，因沒有點穴功夫，故東面點一穴，西面又掘了一穴，都沒有主見。

作者管輅先生指出，點穴之地方，猶如「黃庭拱紫微」，黃庭者道家指修行上的中位之真炁，有「黃庭丹結中宮」之語，而「紫微」指帝座之中心，比喻龍穴之的處，點穴必須在脈氣落下時，到某處高度，左右有守護之脈，脈有凸出之靠山，凸脈山丘中有平地唇托，即有乳有臍，近前方又有橫放之山丘關欄，即是「橫案」也，要抱過穴之前方中間，則穴位之地氣便止蓄，此乃山崗龍點穴之法。

點穴切忌穴前橫放之山丘不到中間，稱之為「不過堂」，穴前之平地有破碎之山丘或大石塊凸出沖穴，穴前忌平地漸漸斜出而沒有山脈兜截，是為「明堂倒」，真氣直洩而出不凝聚，穴又忌左右沒有山脈守護，或有左方龍砂而沒有白虎右砂，或有右沒有左等。

若穴前左方山高，白虎內砂要捲至案前，便可以，又或是右方有高山，左方要有青龍砂捲出作案山則可，此謂之逆水到左或到右，皆要有下關砂，是單提砂作穴，「砂」指守護穴之山脈。

原文：**山如牛腿號琵琶。男好貪杯女好花。若在沐宮并冠帶。定流絲竹與淫娃。**
或在旺宮并生氣。必守孤惸喪室家。順水流飄皆一類。筲箕木杓不爭差。

繼大師註：穴前有可見得到之山形，像牛腿一樣，管轄用「琵琶」一詞去比喻它，主後代男的好飲酒，女的好色風流，若其方位在沐浴及冠帶方，定出人好演奏音樂及出淫娃。若在旺宮并生氣之宮位，出孤獨而無依無靠之人。

此「沐浴、冠帶、旺宮、生氣」是羅盤中三百六十度分出十二等份宮位，依廿四山之五行分配，稱「三合家」之理氣，是為「十二長生宮位」，是概括之說法，方位有吉有凶。

穴前若有水流一去不返，是為送水局，主人才兩敗，貧賤孤獨，而穴上可見如筲箕及木杓之山形，亦與此差不多，「惸」音瓊，指無依無靠之人。

原文：**當頭正鑿必傷刑。急壙沖鋒氣不停。莫道氣來頭上結。侵陵漏泄氣難全。隔涉見洋為激腳。**
案低穴露客風交。應鉗條勢全傾脫。百殺當風坐穴高。像形聊示依稀意。執着真形誤殺人。

繼大師註：若穴頂或墳頂上的地脈被鑿破，以致對墳穴有沖破，或墳頂有坑直沖墳頭，或脈長而硬，直達墳頂，均會造成沖剋的破壞，主後代有意外而受傷，或有刑剋官非訴訟等。

穴頂若有地脈硬長而直落，脈窄而沖下，根本那脈氣未停，穴不能點在行進間的脈上，主後代人丁會損傷或夭亡。

穴前面很近的地方，出現汪洋大水，管輅先生稱為「激腳」，現今稱為「割腳」水，主後代財帛不聚，有耗財之應。一般正常之比例，以穴中向前所見，其平托之深度，是墳碑深度之兩倍，平托之外是水，則可以，或穴中向前看，為三份一是平地，外之三份二是水亦可。

穴前有山橫欄為穴之案山，一般標準之高度是在心胸至眉之間，若案山低於心胸，穴必露出，受前方之風所吹。穴面前之小平地曰「內明堂」，其左右由穴後伸出抱着內明堂之脈名「鉗」，「應」者，是穴之正正左右方的山峰，在同一水平線上。

若穴之左右鉗脈向前傾去而脫出穴之位置，或者鉗脈太低，包不過穴及穴之平托，這樣穴之位置必高出，穴高而沒有鉗脈守護，穴必受風所吹，吹則氣不聚而致退敗。

「像形」是指穴及四周之形像似某物或人、獸、禽不等，若依山形所像之地物去點穴，是執着地之形狀，會錯誤地點穴而致後人夭亡，管輅先生是指出以形勢，及穴之氣聚、來脈、龍虎護脈、朝山、案山、靠山、來水等等大形勢為主，不能以山形之喝像去點穴，但現今仍然有此類人出現，是本末倒置。

原文：**但得一灣鍾秀聚。便令因勢發精神。要知無拙并生活。端在盤旋與屈伸。險濕明堂寬乃貴。平洋應案近為真。休將鶴鸛分朱頂。難回龍蛇辨逆鱗。舞鳳豈全懷卵翼。靈龜難具畫爻文。蟹蟄只是防其奄。虎尾如何護得身。若道像形形像貴。真形反是敗人墳。**

繼大師註：平洋之地，若有水流轉出一彎，則生氣凝聚，如歐洲巴黎之塞納河，由東南巽方而來，往西北乾方而去，到某處地方，突然兜轉一彎，便是巴黎之市中心，然後先後再流出，多達十一個彎往西北方之大海出去；又如亞洲泰國曼谷，亦是平地上有大水流急轉一彎而結出曼谷這個城市。

故此，水流在平地上源遠而來，因為突然轉出一彎，有此形勢而發出其精神，水流或地脈行進間發出變化，並沒有笨拙之勢，相反是活生生的流動，脈之尾部，或水流之端有屈曲伸延及盤旋之勢，始能發出其精神。

明堂要寬闊始為貴，切忌短淺，或是潮濕而水氣盛，對穴不好，受界水所侵而致骨黑，致後代多病。若平洋龍之穴，前方略高出之平坡，或在橫水上出現之橫長小島，均為平洋穴之前案，要接近在穴前正中之範圍則吉，因前方案山能鎖着穴前之生氣而為穴所用；故有：「橫欄近案勝九曲來朝」之說。

管輅先生倡言，以形勢為真為重，切忌以地形之形像而論作點穴之準繩，他指出不能鶴鸛（鸛音貫，像鶴或鷺之鳥類），去分別牠們之頭頂是否紅色，亦不能將龍蛇之鱗去分辨出是順或是逆，像跳舞之鳳未必全是懷着卵的，而靈龜亦難以畫出卦爻來，螃蟹的一對鉗子只是用作自衞用途，老虎的尾巴又如何能保護自己的身體呢？

管輅先生用種種比喻，去說明點穴之法不能用喝形或喝像而去點出穴之位置，這是謬論，不切實際的，他一再強調是以形勢去點穴，故風水之法仍是以「龍、穴、砂、水、向」等五種元素去取決，離此則非風水真道矣。

《本篇完》

（五）管號詩括註譯後總括

繼大師

管輅先生所著之《管號詩括》，全文共八八二個字，非常精簡，是地學中經典之作，雖然沒有《葬書》那樣出名，但內容實比《葬書》詳盡，比《管氏指蒙》更濃縮，更精要，影響後代眾多風水名家，是風水古籍中經典之作，其內容可分七大點，茲述如下：

（一）龍法 ── 四勢三形，龍之出身、起頂、降勢、行龍、龍之結咽，（即龍脈收放之處）、龍與水的互纏關係。

（二）穴法 ── 龍脈之住勢（點穴之法），龍之三分（天、人、地穴法），橫脈關欄而止穴氣，脈之乳穴。

（三）砂法 ── 穴附近之巒頭砂法，明堂、穴及脈之龍虎砂法，羅城之凹風（或凹峯，或坳風，或坳風），穴之唇托、橫案。

（四）水法 ── 水流之直沖，長槽之沖射、尖剋，水之順弓、反弓，水流之聲煞、屈曲、儲水、水去、水走、水纏。

（五）向法 ── 陽山陽水陽向，陰山陰水陰向，來龍之向度、陰陽、急緩。

（六）剋應 ── 穴之巒頭砂法配合方位對葬者後代之剋應。

（七）風水的正確理念 ── 以龍法尋龍，以穴法定穴，以砂法、水法及穴向定出穴之吉凶，綜合龍、穴、砂、水、向為證穴方法，始是風水的正確理念，以喝形取像作為點穴方法則是錯誤的理念。

以上各七大點，均是風水中不朽的根本理論，若捨而棄之，則不必談風水矣。雖然口訣是筆之於書，但若沒有明師登山親傳，也只是紙上談兵，雖如此，但這《管虢詩括》實不失為風水中的寶典。

《本篇完》

繼大師

（六）郭璞略傳

此郭璞略傳是根據《中國方術全書》第560卷《卜筮部名流列傳》〈二〉（上海文藝出版社，【清】蔣廷錫等編）所撰寫。

依照《晉書》〈郭璞傳〉所説，郭璞，字景純，生於晉武帝司馬炎咸寧二年（公元276至324年）河東聞喜縣人（註一），父親郭瑗，是晉之尚書都令史，時有尚書杜預（註二）在管治條例上有任何增加或減少，郭瑗若對朝廷決策有異議，多上書而修正之，以處事公正及中規中矩而著稱，終於建平。（今四川省巫山縣）

郭璞官至臨賀太守（地方防衛之官員），好經書、五術等，博學有高才，性格沉默寡言，不多言論，其詩詞歌賦堪稱，令國家當時之文學再復興盛，他功勞居首位也。

郭璞好讀古文及奇異之術，善於陰陽算曆，時有一郭姓之先生，寄居於河東作客，他精於卜筮，能預知未來之事情，郭璞即跟隨他學習，郭姓先生以《青囊中書九卷》教授之，由於這樣，郭璞便洞悉陰陽五行、天文、卜筮之術，能化解災厄，轉禍為福，能到通達境地，無一固定的方法，雖京房、管輅（占卜及風水名家）亦不能超過他。

郭璞之門人趙載曾偷竊他的《青囊書》，在未及時閱讀下，是書即遭大火所焚，晉惠帝（司馬衷）與晉懷帝（司馬熾）之時（公元 290 至 312 年），山西省河東（今山西省南端與河南省北端之間）有所擾攘。郭璞占卜之，把書擲在地上而歎曰：

「中原的老百姓，將被外族所統治，農地將被移為平地而荒廢。」

於是暗中團結數十家人，一同往東南逃難，抵達趙固將軍所管轄的地方，剛好趙固所乘之良馬死掉，趙固甚為痛惜，於是不接見外來賓客，剛郭璞到，看門之官吏不為他通告。郭璞曰：

「我能使趙將軍之死馬活過來。」

門官驚駭，入內告知趙固，趙固出來曰：「先生能否救活我的馬匹？」

郭璞曰：「找壯丁二三十人，各持長竹竿，東行三十里，有山丘樹林之社廟，便以竹竿打拍之，當會得到一物，宜急急把它帶回來，則此馬復活矣。」

果然如郭璞所說，得到一物如猴子，此猴子形之動物，一見死馬，便吹呼其馬鼻，立刻之間，馬匹站立起來，迅速大聲地嘶鳴，進食如常，再不見那像猴子之物。趙固覺得甚奇，於是賞以郭璞厚資。

郭璞行至廬江（**安徽省廬江縣，近巢湖之南。**）明、清屬廬州府（**今屬合肥市。**）太守（**地方防衛長官**）胡孟康被丞相召為「軍諮祭酒」一職，負責準備南下，攻打江南地區。此時，江南一帶正值太平盛世，胡孟康很放心，故此無心派兵南下攻伐。

時郭璞為他的謀士，郭璞為胡氏占卜，其結果是會失敗的，胡不信，郭璞便想急忙離開他，但因為愛上胡家中的一名奴婢，沒法得到，於是乃取小豆三斗重，繞著主人之家宅撒下小豆。主人胡氏在晨早時間，見有數千個面上現出凶惡之相的赤衣人圍着其家，一見赤衣人，他們隨即消逝，胡氏請郭璞占卜之，郭璞曰：「主人家中不宜養此婢女，可於東南二十里處，把奴婢賣掉，慎勿爭價，則此妖可去除。」

主人胡氏相信郭璞之言，並依他的說話而行事，郭璞暗中命人以低賤價錢買下該奴婢，再以靈符投於井中，數千赤衣人，皆自反縛而一一自投於井中，主人胡氏大悅。郭璞隨即攜帶該名婢女離去。

數十日後，廬江被攻陷，郭璞過長江至宣城。（今安徽省之東南方，安徽省之長江段與西江及浙江之間。）其太守（地方防衛長官）殷祐所推薦，郭璞出任參軍，時有一物，大如水牛，灰色矮腳，腳似大象，其胸前及尾上皆是白色，大力而遲鈍。

此物來到城下，眾人皆感驚訝，殷祐太守派人埋伏及取捕之，命郭璞占卜，占出水雷遯卦䷂、山風蠱卦䷑，其卦曰：「艮卦☶為體，連乾卦☰。」其物強壯而巨大，是山中及水中之動物（兩棲動物，匪兕虎，兕音此，獸名，形似牛，不似兕，又不似老虎。）身形類似南方七宿中之鬼金羊及井木犴．（註三）二精物在南方午宮，理當為禽類，（因南方屬朱雀七宿，是飛禽之獸。）兩翼不能伸展，其中一翼被創受傷，牠便遷回自己的巢穴按卦象名之，應該是驢鼠。

剛好卜完了卦，埋伏的人，以戟刺此獸物，深入體內尺餘，獸物逃去，不見蹤影。郡縣之長官上到祠廟中，請求殺之，但卦象說廟神不悅，因為是邛亭之驢山君鼠，（邛音恭，邛亭爲邑中之山名，在彭蠡，卽彭蠡湖，爲鄱陽湖之古稱。）到荊山而暫時路過此地，可毋須理會，其卜卦之精妙如此。

宣城太守殷祐，調任為石頭督護，（今在江蘇省南京市以西。）郭璞再度跟隨他，當時有鼯鼠走出延陵（今江蘇省武進縣，在丹陽之南。）郭璞占之，並說此郡之東，當有妖人，若有人說能制服他，亦會被妖人所殺，然後當有妖樹生。

樹之形態，似吉祥而非吉祥，是刑誅之樹木。若有這些東西，東南數百里，必有人作亂叛逆，將於明年發生。

江西無錫忽然有茱萸四株，四樹交枝而生，作連貫之狀，其年發生有強盜殺戮事件。吳興（今浙江省嘉興縣西，秦時爲烏程縣，三國時爲吳興郡。）太守袁琇向郭璞問事，郭璞說，卯爻（十二地支中的卯，爻是六爻，爲一六重卦，即六十四卦之一。）發而金氣相尅，此卯木不曲直而成災。

當時王導（註四）深深器重郭璞，推介他為元帝司馬睿參與軍事，嘗令郭璞卜卦占算。一日，郭璞對王導說，他會有被震碎之災厄，可命人駕車西出，往數十里，得一柏樹，截斷它，取其如身體長度，長期放置在睡覺的地方，災厄可消。

王導聽從郭璞所說，數日後，柏樹果然震至粉碎，時元帝初鎮建都於鄴縣（鄴音業，今在河南省安陽市一帶。）命郭璞占卜之，得澤山咸卦䷞，變二及四爻，為水風井卦䷯。郭璞曰，東北方郡縣，其姓名有「武」字者，當出掌鐸者而掌握兵權。（鐸是古代的一種大鈴，宣佈政教法令，或遇戰事時使用。）西南方郡縣，其名有陽字者，其井將會沸騰（或是温泉）。

其後在晉陵（今江蘇常州市）武進縣人，於田中發現銅鐸五枚。在歷陽縣中，有井水沸騰，經數日始停，至元帝為晉王時，又令郭璞卜筮，得雷地豫卦中之火澤睽卦。

其象曰，會稽（今浙江紹興）當出一鐘，此時國家大業大功告成，鐘上刻有功勳的字句，應當在人家井泥中尋得，其刻辭所謂先王創作音樂之目的，是崇尚道德，舉薦給萬民。

元帝即位，於太興年初（公元318年），在會稽剡縣（剡音蟬，今浙江省嵊縣。）果然有人於井中尋得一長鐘，長七寸二分，口徑四吋半，上刻有古文十八字，云：「會稽嶽命」，餘下字句，眾人不識。郭璞曰：

「由於王者之作事，必有靈符塞天，人之心與神物契合，然後可以說是受命於天也，試看這五鐸（大鈴）發出聲音於晉陵（今江蘇常州市），而棧鐘（小鐘）告成於會稽（浙江紹興），並沒有失去吉祥的兆頭，此類事情皆有考據，豈不偉大嗎！而大鈴發出響亮的鐘聲，考據其象徵着器物，是顯示暗喻日常生活之事，實在是天與人之間的相應，不可不察。」

元帝甚器重郭璞，郭璞著有〈江賦〉，其辭雄偉，為世人所稱讚，後再作〈南郊賦〉，元帝見後嘉獎之，任命為著作佐郎。

當時陰陽錯繆，日蝕、月蝕、大雨、風災、地震等天災人禍頻生，刑獄之事特多，動不動即判官民入獄，郭璞即上表疏文，啟奏於元帝。其疏文內容大致是說，國家所產生的種種現象及天災人禍，是因為刑獄特多，及任意用刑，寃獄又多，法令不一，以致怨氣沖天，宜多赦過宥罪，不可任意用刑。

審察善惡，以忠信禮義為本，又舉出多個用刑案例，及說出天瑞異象以作警告，又說出赦免罪過不宜多次使用，要用得其法，並建議改年號，分別是「建武、大興、永昌」等。不久郭璞任尚書郎一職但往往不說多話，只說數語，便對元帝有很多益處。

晉明帝（司馬紹，公元 323 至 325 年在位。）做太子住在東宮時，與温嶠及庾亮在未有功名時是相交好友，郭璞以才學良好而彼此互相欣賞。雖然温嶠（註五）及庾亮（註六）之言論美麗，但其心性輕易，不修威儀，嗜酒好色過度，郭璞時為「著作郎」（官職），對明帝常告誡之。

郭璞好卜筮，而有名望之人士多取笑之。時郭璞笑曰：「鷦鷯（鷦鷯音焦聊，鳥名，形體小，約十厘米長。）不可與論雲翼。井蛙難與量海鰲（鰲音遨，即大海龜。）

晉元帝永昌元年（公元 322），元帝皇孫出生，郭璞上疏奏章，其內容是勸晉元帝以慶祝皇孫之出生而大赦天下囚犯，然後賞罰分明，肅整官紀，國家必臻禎祥，元帝接納郭璞所奏，時即大赦，改年號永昌。

時有曁陽（**江蘇省江陰縣**）男人名任谷，因耕田而棲息於樹下，忽然有一人，穿着羽衣。（**註：以羽毛織成的衣服，常稱道士或神仙所著衣爲羽衣，道士的代稱；輕盈的衣衫；指《霓裳羽衣曲》等。**）與他行淫事，後不知所踪，任谷便有身孕，數月後將生產，羽衣人又來，以利刀插穿其下體，陰部有一條蛇走出，後不見。不久此任谷成為太監，後上書元帝謂自己有道術，帝留他在宮中。

郭璞復上疏，說任谷之所為是妖物異類，並應以遵典刑法例及禮法為重，不應怪力亂神，應敬而遠之，以聰明正直為神，以蠱詐妄者為妖。於公元 322 年，晉元帝駕崩，任谷便離去。

郭璞因母親逝世，於是去職，與母親在暨陽（江蘇省江陰縣）卜葬穴地，墳穴距離江水約百步遠，欣賞這墳穴的人，以墳穴近水傳為佳話。郭璞預言墳前之水將變成陸地，其後墳前之水因沙漲堆積，後離墳前十里，皆為桑田。

此墳葬下未及一年，王敦（註七）崛起造反，在未造反之前，郭璞曾為他的記室參軍，是時潁川（今河南省中部及南部地方）陳迹為大將軍，享有美名，為王敦所重用，未幾即逝世，郭璞痛哭，且甚悲傷，呼叫說：「嗣徂嗣徂。焉知非福。」

未幾王敦造反作難，時晉明帝即位已超過一年，年號未改，而熒惑之星守着房宿。（繼大師註：熒惑——火星之別名，主出則有兵，入則兵散。房宿——廿八宿之一，屬東方蒼龍七宿的第四宿，星有四顆，全名是「房日兔」是吉星。）時郭璞已退休歸家。

明帝乃遣使者詔問他，郭璞會吾使者於暨陽縣（江蘇省江陰縣），並說有赤烏出現。（赤烏為傳說中預示吉凶禍福的神烏。）乃上疏明帝，請求改年號，後改為「太寧」。

郭璞曾經為人卜葬，明帝微服出巡，到卜葬處觀看，問主人何以葬在龍角上，這樣做法，可被皇帝滅族。

主人謂郭璞說：「這卜葬在龍角上，不出三年，當致天子到。」

明帝曰：「這穴地是出天子的嗎？」

答曰：「能令天子到來詢問也。」明帝甚驚異也。

公元 323 年，東晉明帝太寧元年，郭璞曾為温州開城立局，東晉時北方戰亂，郭璞從山西避亂南下，客寓温州，又剛逢永嘉設郡，並請郭璞選址立城。

（繼大師註：温州，古為甌地，温州在春秋時代屬於越地，秦屬閩中郡，漢初為東甌國，後屬會稽郡，唐上元二年（公元 675 年）分括州置温州，以地在温嶠嶺南而名，宋廢，元置温州路，明、清為温州府治，公元 1912 年廢除。

鹿城建城之初，郭璞剛好在温州，他登臨西廓山，並建議跨山築城，後來温州人視郭璞爲開城鼻祖，並將西廓山改爲郭公山，並在山下建郭公祠，西面山脚之金沙嶺脚直達甌江邊沿，山脚有白蓮塘，郭公山臨江處建了富覽亭。公元 2008 年正月市政府在郭公山南邊的小廣場上建立一座郭璞雕塑，以作紀念。）

郭璞登上西廓山（現爲郭公山，甌江出水口砂的温州島以北 22 公里。）勘察地形，有楠溪江，由北流向南方，滙入甌江，甌江由西北方繞來，兩江相交，經前沙之沙丘及靈昆島向東流出東海。

郭璞發覺甌江北岸土質輕薄，泥土鬆散，是沉積而成的沙石泥土，甌江南面地質較厚，適合建城。郭璞見其地點有七山環繞，東北有海壇山，西北有郭公山，西南有松台山，東南有積谷山，華蓋山在東，南方有巽吉山、黄土山、仁王山及靈官山，五山在北，四山在南，形如北斗七星。

華蓋山在水口方，為下關砂，關鎖着整個大局，為華蓋山鎖斗口。於是郭璞設城於甌江南岸，是北斗頭部中心處，故温州又稱斗城。

郭璞在温州城內開鑿了108口水井，以應天地之數，又有城內開了五個水塘，引甌江之水灌入塘中，引水流之生氣入城，這樣可是城市免於刀兵之劫，意寓「寇不入斗城」也。郭璞認為若於甌江北岸建成市，雖然富貴繁榮，但不長久，易犯刀兵劫難。

温州市在壽桃山與白雲山之間，坐南向北，收甌江與楠溪江二水，逆水大局，前沙及靈昆島為城市的下關砂。壽桃山為城市的主要靠山山群，亦是下關水口砂，與北岸群山為捍門守水口，大局緊聚。

郭璞一向與桓彝（註八）甚為老友，一次桓彝造訪郭璞，剛值他在廚房內，桓彝直入內找他，郭璞說：「你來這裏，可從正門而入，但不可從廁所上找我，若是這樣，你必有災殃。」

不久，桓彝因到郭璞家裡時喝醉酒，正逢郭璞在廁所內，桓彝掩開廁所門，見郭璞裸身被髮，口裏含着一把刀，設有祭祀時所用之酒及祭品，郭璞一見桓彝，撫心大驚，說：「我每次吩咐你勿來廚房、廁所找我，現反而變本加厲，非但帶來我有禍害，你亦難免有禍患，天意是這樣，能將歸咎於誰人呢！」

郭璞終於遭逢王敦之禍，桓彝亦被蘇峻之屬下韓晃在攻打涇縣時而被殺，皆因王敦謀反叛逆明帝。温嶠（**見註五**）及庾亮（**見註六**）請郭璞占卜晉國的吉凶，郭璞對着他們而猶豫不決，庾亮再請郭璞占算自己的吉凶，郭璞曰：「大吉」。

温嶠及庾亮離開郭璞後互相訴說：「郭璞對晉國之吉凶不是不能說，而是不敢言明，或是天將收奪王敦之魂魄，今我們與國家共舉大事，而郭璞說是大吉。」有份參與求郭璞占卜國事姓崇之人，將郭璞推介於王敦。

王敦將舉兵攻打晉明帝，又令郭璞占卜之，郭璞說不能成功，王敦固然懷疑郭璞對温嶠及庾亮兩人之占算結果，又聞自己之卦是大凶之象，乃問郭璞曰：「你試占我的歲壽有幾多。」郭璞答曰：「卦象已清楚地顯示，你若起兵用事，災禍不久便生，若到武昌（**湖北省武昌府**），歲壽不可測。」

王敦大怒，便說：「你知不知道你的歲壽有幾多？」

郭璞答曰：「我命盡於今日日中。」

王敦將郭璞收監，並押往南岡斬首。郭璞臨出發時問行刑者往何處。

答曰：「往南岡頭。」

郭璞曰，「必在雙柏樹下行刑。」

當到達南岡頭，果然見有兩棵柏樹，郭璞說：「樹上應有大鵲巢。」眾人尋不着，在郭璞之指引下，眾刑吏果然於樹枝之間尋得一大鵲巢，因為樹葉密而遮蔽了它。

郭璞在事業之中興初期，一日行經越城之間，遇上一人，即稱呼其姓名，從衣袋中取出一文件交給他，其人不肯接受，郭璞曰：「即管取去，日後自當知道。」其人於是收受而去。到此，執行刑之人，就是當日郭璞所交予文件之人，郭璞死時四十九歲。

郭璞占算如神，能預知未來，面對個人之生死大事，並不畏縮，亦不逃避，接受自己命運氣數，撰有卜筮証驗六十餘事，名為《洞林》，又抄京房、費直等諸家撮要，撰寫《新林十篇》、《卜韻一篇》，又註釋《爾雅》，名為《音義圖譜》，又注《三蒼方言》、《穆天子傳》、《山海經》、《楚辭》、《子虛》、《上林賦》等十萬言，皆傳於世，所作《詩誄頌》（誄音呂，是敘述死者的功德，以示哀悼。）亦數萬言，官至臨賀太守。

繼大師（註一）：河東聞喜縣在黃河流經山西省境內，自北而南，故稱在山西省境內黃河以東的地區為河東，聞喜縣屬於山西省，春秋時，屬晉之曲沃地，秦改為左邑，漢武帝經此，聞破南粵之地，因而置聞喜縣，屬河東郡，隋朝改為桐鄉縣，唐朝改回聞喜縣，此名歷代沿用，除郭璞外，邱延瀚地師亦是聞喜縣人。

（註二）：杜預，公元 222 至 284 年，晉京兆杜陵人，今陝西省西安市東南，為河南尹度支尚書，極度贊成討伐吳國，繼羊祜都督荊州諸軍事，為鎮南大將軍。（羊祜為晉南城人，封鉅平侯，都督荊州諸軍事達十年，籌劃滅吳國。）

駐守襄陽城時徵發民工，興修水利，灌田萬餘頃，被稱為杜父。太康元年（公元280年）率兵滅吳國，以功封當陽縣侯，博學多才，有謀略，人稱杜武庫。

（註三）：周天360度，每方為90度，分東、南、西、北四方，每方有七顆星宿，共28宿。東方為蒼龍七宿，南方為朱雀七宿，西方為白虎七宿，北方為玄武七宿，各有所屬之五行及日月天象，各似不同神獸之星座，其名稱如下：

東方為蒼龍七宿 — 角木蛟、亢金龍、氐土貉、房日兔、心月狐、尾火虎、箕水豹。

南方為朱雀七宿 — 井木犴、鬼金羊、柳土獐、星日馬、張月鹿、翼火蛇、軫水蚓。

西方為白虎七宿 — 奎木狼、婁金狗、胃土雉、昴日鷄、畢月烏、觜火猴、參水猿。

北方為玄武七宿 — 斗木獬、牛金牛、女土蝠、虛日鼠、危月燕、室火豬、璧水㺄。

（註四）：王導是晉臨沂人（今山東省嶧縣東北，臨沂，意取沂水與祊水相會之處。）字茂弘，事元帝（東晉皇帝名司馬睿，公元 317 年至 323 年。）於潛邸，雅相器重，他知道天下將亂，勸元帝收納賢人俊士，共圖國事。

於元帝即位後，任為丞相，號曰仲父，元帝駕崩後（公元 323 年），受遺詔輔明帝（司馬紹，公元 323 年至 326 年。）後又受明帝遺詔輔成帝（司馬衍，公元 326 年至 342 年。）歷事三朝，忠奮自勵，官至太傅，死後追封為文獻。（東晉共十一個皇帝，元帝為首，恭帝為末，由公元 317 年至 420 年。共 104 年。

（註五）：温嶠字太真，晉太原祁縣人，公元 288 年至 329 年，為劉琨右司馬，明帝即位時（公元 323 年）拜侍中轉中書令，與庾亮等討平王敦，後歷陽太守蘇峻等作亂，温嶠苦心調停於庾亮、陶侃（音旱）兩人之間，在平亂温峻等人作亂時殉難（公元 329 年），官至驃騎大將軍，死後追封忠武。

（註六）：庾亮字元規，東晉穎川鄢陵人，公元 289 年至 340 年，好老莊學說，善於談論，歷任東晉元帝、明帝、成帝三朝，成帝初，以帝舅為中書令，掌握朝政，鎮將蘇峻及祖約反叛作亂，庾亮逃走，推舉荊州刺史陶侃為盟主，擊滅蘇峻等人後，陶侃死，便代替他鎮守武昌，擬北伐，為郄鑒等人所阻，未成功也，死後追封文康。

（註七）：王敦，公元 266 年至 324 年，晉臨沂人（**今山東省嶧縣東北**），字處仲，娶晉武帝（**司馬炎**）之女襄城公主，官拜駙馬都尉。晉元帝（**司馬睿**）渡江，王敦與堂兄王導，同心同力，目標一致，授鎮東大將軍兼都督六州諸軍事，後為江州刺史，不久升為荊州刺史。

王敦既得志，擁兵不朝，意欲脅制朝廷，以沈充及錢鳳為謀士。永昌元年（**公元 322 年**），以誅殺元帝親信劉隗等為名，起兵造反，東下攻陷石頭．（**今江蘇省南京市西石頭山後**）入朝自為丞相。元帝死，王敦退兵於姑孰，（**今安徽當塗縣，離南京市西約九十公里。**）晉明帝太寧二年（**公元 324 年**）再次造反，兵入江寧（**今江蘇省南京市南郊**），途中病死，其部下崩潰，戮屍懸其首於市內。

（註八）：桓彝，（公元 276 至 328 年）晉譙國龍亢人（今在安徽省懷遠縣西），字茂倫，與郭璞是知己。元帝時為吏部郎，明帝時，王敦專朝政，桓彝參與討伐王敦謀議，以有功勞而封為萬寧縣男，後任宣城內史，蘇峻起兵反晉，桓彝固守涇縣（今安徽省寧國府），城陷為蘇峻部下大將韓晃所殺。

《西晉皇帝列表》 265 年 － 316 年

武皇帝，司馬炎 —— 公元 266 － 290 年，有四個年號：

泰始 266 － 274

咸寧 275 － 280

太康 280 － 289

太熙 290 － 290

孝惠皇帝，司馬衷 —— 公元 290 － 301 年，有兩個年號：

永熙 290 年 － 302 年

永寧 302 年。

睿皇帝，司馬倫 —— 建始 301，公元 301 年。

孝惠皇帝復位 —— 公元 301 － 306 年，有兩個年號：

太安 302 年 － 306 年

光熙 306 年 － 307 年

孝懷皇帝，司馬熾 —— 公元 307 年 － 313 年，年號為：永嘉，307 年 － 313 年。

愍帝，司馬鄴 —— 公元 313 － 316 年，年號為：建興。

《東晉皇帝列表》 317 年 － 420 年

中宗，晉元帝，司馬睿，公元 317 年 － 322 年，有三個年號：

建武 317 年 － 317 年

太興 318 年 － 321 年

永昌 322 年 － 323 年。

由於王導深深器重郭璞，推介他為元帝司馬睿參與軍事。（元帝 —— 公元 317 年 – 322 年）

肅宗，明帝，司馬紹，公元 322 年 – 325 年，年號為：太寧 323 年 – 326 年。

顯宗，成帝，司馬衍，公元 325 年 – 342 年，有兩個年號：

咸和 326 年 – 334 年

咸康 335 年 – 342 年。

康帝，司馬岳，公元 342 年 – 344 年，年號：建元，公元 343 年 – 344 年。

孝宗，穆帝，司馬聃，公元 344 年 – 361 年，有兩個年號：

永和 345 年 – 356 年

升平 357 年 – 361 年。

寧宗，哀帝，司馬丕，公元 361 年 – 365 年，有兩個年號：

隆和 362 年－363 年

興寧 363 年－365 年。

廢帝，司馬奕，公元 365 年－371 年，年號：太和 366 年－371 年。

太宗，簡文帝，司馬昱，公元 371 年－372 年，年號：咸安 371 年－372 年。

烈宗，孝武帝，司馬曜，公元 372 年－396 年，有兩個年號：

寧康 373 年－375 年

太元 376 年－396 年。

安帝，司馬德宗，公元 396 年－418 年，有三個年號：

隆安 397 年－401 年

元興 402 年－404 年

義熙 405 年－418 年。

恭帝，司馬德文，公元 418 年－420 年，年號：元熙 419 年－420 年。

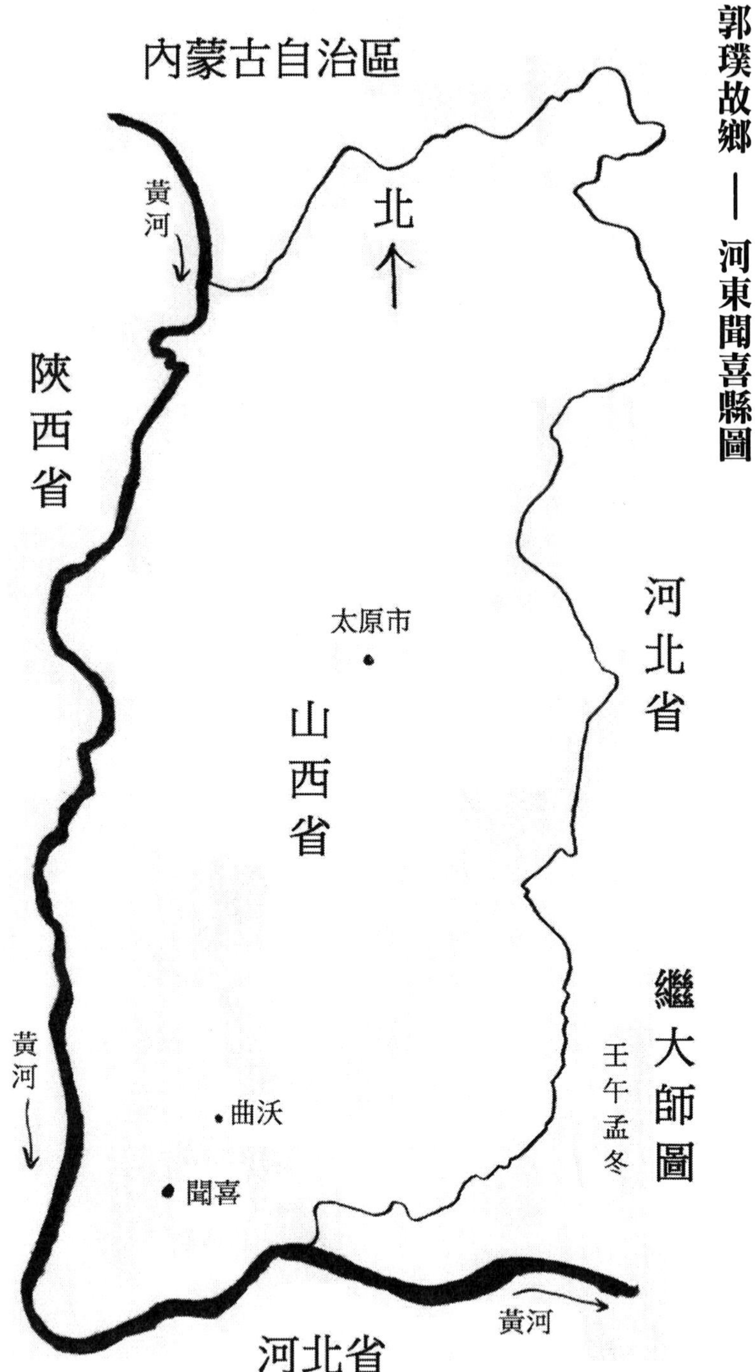
郭璞故鄉 — 河東聞喜縣圖
內蒙古自治區
黃河
北
陝西省
太原市
山西省
河北省
繼大師圖
壬午孟冬
黃河
曲沃
聞喜
黃河
河北省

公元紀年	虛齡歲數	古代紀年	活動事跡
公元276年	一歲	武帝司馬炎 咸寧二年	出生於河東聞喜縣人，父親郭瑗，是晉之尚書都令史。
公元276至290年	一歲至廿五歲	武帝司馬炎 咸寧二年至太熙元年	自幼好經書、五術等，博學高才，沉默寡言，擅長詩詞歌賦，令國家文學復興。好古文及陰陽五術，善於算曆。得遇一與郭璞同姓之神人，寄居於河東，教授他卜筮及《青囊中書九卷》風水秘笈，使他洞悉陰陽五行、天文、卜筮之術，能化解災厄，轉禍為福，知過去未來。

公元紀年	虛齡歲數	古代紀年	活動事跡
公元 290 至 312 年	虛齡十五至卅七歲	太熙元年至永嘉六年	約公元 303 年時虛齡 28 歲，郭璞占卜得知中原老百姓，將被外族所統治，農地將被移為平地而荒廢，史稱「五胡亂華」，發生於公元 304 至 316 年，於是他向南逃走。郭璞先後為胡孟康的謀士，（**胡孟康被丞相召為「軍諮祭酒」一職**）時郭璞看中胡家婢女，用道術令使胡氏相信她是妖人，令他賣掉奴婢，又命人暗中用低價錢買下，納她為妻子。 郭璞由太守殷祐所推薦，任命為宣城參軍，輔助殷祐，後殷祐調任石頭護督（**江蘇省南京市西**），郭璞亦跟隨他，郭璞時常為吳興縣太守袁琇及王導占卜，後被王導引介，為元帝司馬睿所錄用，並參與軍事謀略。

公元紀年	虛齡歲數	古代紀年	活動事跡
公元 318 年至 321 年	虛齡四十三歲至四十六歲	太興元年至四年	郭璞虛齡 43 歲，元帝司馬睿即位，並輔助元帝，當時有日蝕、月蝕、大雨、風災、地震等天災，郭璞即上表疏文，勸諫元帝審查善惡，不可任意用刑，及赦免冤獄罪囚，並改年號為永昌。
公元 322 年	虛齡四十七歲	永昌元年	元帝皇孫出生，郭璞時虛齡 47 歲，並上疏奏章，謂要大赦天下罪犯，然後賞罰分明，肅整官紀，則國家必獲禎祥，元帝接納郭璞所奏。 是年元帝駕崩，郭璞母親逝世，於是去職，與母在暨陽（江蘇省江陰縣）卜葬穴地。

公元紀年	虛齡歲數	古代紀年	活動事跡
公元 323 年	虛齡四十八歲	永昌二年（太寧元年）	郭璞為温州選址及開城立局。明帝司馬紹登位，國號太寧，郭璞曾為人卜葬，明帝微服出巡，問主人何以葬在龍角上，可被皇帝滅族，主人謂郭璞説，葬在龍角上，可令皇帝在三年內，到來詢問，明帝驚異而嘆服。郭璞自知壽元將盡，故嘗試用道術為自己延壽，但被桓彝撞破。
公元 324 年	虛齡四十九歲	太寧二年	時有一姓崇之人推介於王敦給他占卜國事。王敦造反，之前郭璞曾為他的記室參軍。王敦問他是否會成功，郭璞説是大凶，且會失敗。王敦命郭璞佔卜他的歲壽有幾多，郭璞説：「你若用兵，災禍必生，到武昌，歲壽不可測，王敦大怒，便説：「你是否知道自己的歲壽有幾多？」郭璞曰：「我命盡於今日日中。」王敦命人將郭璞收監，並押往南岡斬首，郭璞死時虛齡四十九歲。

《本篇完》

（七）葬書原文（古本葬經內經，津逮叢書本）葬經內篇——【晉】郭璞撰

葬者乘生氣也。夫陰陽之氣。噫而為風。升而為雲。降而為雨。行乎地中而為生氣。生氣行乎地中。發而生乎萬物。人受體於父母。本骸得氣。遺體受廕。蓋生者氣之聚。凝結者成骨。死而獨留。故葬者反氣內骨以廕所生之道也。

經云。氣感而應。鬼福及人。是以銅山西崩。靈鐘東應。木華於春。粟芽於室。氣行乎地中。其行也因地之勢。其聚也因勢之止。丘壠之骨。岡阜之支。氣之所隨。經曰氣乘風則散。界水則止。古人聚之使不散。行之使有止。故謂之風水。

風水之法。得水為上。藏風次之。何以言之。氣之盛。雖流行。而其餘者猶有止。雖零散。而其深者猶有聚。經曰。外氣橫形。內氣止生。蓋言此也。

經曰。淺深得乘。風水自成。土者氣之母。有土斯有氣。氣者水之母。有氣斯有水。故藏於涸燥者

宜淺。藏於坦夷者宜深。經曰土形氣行。物因以生。地勢原脈。山勢原骨。委蛇東西。或為南北。宛委自復。回環重複。若踞而候也。若攬而有也。欲進而卻。欲止而深。來積止聚。沖陽和陰。土厚水深。鬱草茂林。貴若千乘。富如萬金。

經曰。形止氣蓄。化生萬物。為上地也。地貴平夷。土貴有支。支之所起。氣隨而始。支之所終。氣隨以鍾。觀支之法。隱隱隆隆。微妙玄通。吉在其中。

經曰。地有吉氣。土隨而起。支有止氣。水隨而比。勢順形動。回復終始。法葬其中。永吉無凶。夫重岡疊阜。羣壠眾支。當擇其特。大則特小。小則特大。參形雜勢。主客同情。所不葬也。

夫壠欲峙於地上。支欲伏於地中。支壟之止。平夷如掌。故經曰。支葬其巔。壠葬其麓。卜支如首。卜壠如足。形勢不經。氣脫如逐。夫人之葬。蓋亦難矣。支壠之辨。眩目惑心。禍福之差。侯擄有間。山者勢險而有也。法葬其所會。

故葬者。原其所始。乘其所止。審其所廢。擇其所相。避其所害。淺以乘之。深以取之。闢以通之。闔以固之。乘金、相水、穴土、印木。外藏八風。內祕五行。天光下臨。地德上載。陰陽沖和。五土四備。是以君子奪神工。改天命。

經曰。目力之巧。工力之具。趨全避缺。增高益下。微妙在智。觸類而長。玄通陰陽。功奪造化。

上地之山。若伏若連。其原自天。若水之波。若馬之馳。其來若奔。其止若尸。若懷萬寶而燕息。若具萬饍而潔齊。若橐之鼓。若器之貯。若龍若鸞。或騰或盤。禽伏獸蹲。若萬乘之尊也。

天光發新。朝海拱辰。龍虎抱衛。主客相迎。四勢端明。五害不親。十一不具。是謂其次。山之不可葬者五。

氣以生和。而童山不可葬也。

氣因形來。而斷山不可葬也。

氣因土行。而石山不可葬也。

氣以勢止。而過山不可葬也。

氣以龍會。而獨山不可葬也。

經曰。童、斷、石、過、獨。生新凶。消已福。

占山之法。勢為難。形次之。方又次之。

勢如萬馬。自天而下。其葬王者。

勢如巨浪。重嶺叠嶂。千乘之葬。

勢如降龍。水繞雲從。爵祿三公。

勢如重屋。茂草喬木。開府建國。

勢如驚蛇。屈曲徐斜。滅國亡家。

勢如戈矛。兵死刑囚。勢如流水。生人皆鬼。

形如負扆。有壟中峙。法葬其止。王侯崛起。

形如燕巢。法葬其凹。胙土分茅。

形如側罍。後岡遠來。前應曲回。九棘三槐。

形如覆釜。其巔可富。形如植冠。永昌且歡。

形如投筭。百事昏亂。形如亂衣。妬女淫妻。

形如灰囊。災舍焚倉。形如覆舟。女病男囚。

形如横几。子滅孫死。形如臥劍。誅夷偪僭。

形如仰刀。凶禍伏逃。

牛臥馬馳。鸞舞鳳飛。騰蛇委蛇。黿鼉龜鼈。以水別之。牛富鳳貴。騰蛇凶危。形類百動。葬皆非宜。四應前按。法同忌之。

夫千尺為勢。百尺為形。勢與形順者吉。勢與形逆者凶。勢凶形吉。百福希一。勢吉形凶。禍不旋日。千尺之勢。委蜿頓息。外無以聚內。氣散於地中。

經曰。不蓄之穴。腐骨之藏也。蓋噫氣為能散生氣。龍虎所以衛區穴。疊疊中阜。左空右缺。前曠後折。生氣散於飄風。經曰。騰漏之穴。敗槨之藏也。

經曰。外氣所以聚內氣。過水所以止來龍。千尺為勢。百尺為形。勢來形止。前親後倚為吉藏也。

經曰。地有四勢。氣從八方。

故葬以左為青龍。右為白虎。前為朱雀。後為玄武。玄武垂頭。朱雀翔舞。青龍蜿蜒。白虎馴頫。形勢反此。法當破死。故虎蹲謂之啣尸。龍踞謂之嫉主。

玄武不垂者拒尸。朱雀不舞者騰去。土圭測其方位。玉尺度其遐邇。以支為龍虎者。來止跡乎岡阜。要如肘臂。謂之環抱。以水為朱雀者。衰旺系乎形應。忌夫湍激。謂之悲泣。

朱雀源於生氣。派於未盛。朝於大旺。澤於將衰。流於囚謝。以返不絕。法每一折。瀦而後洩。洋洋悠悠。顧我欲留。其來無源。其去無流。經曰。山來水回。貴壽豐財。山囚水流。虜王滅侯。

夫土欲細而堅。潤而不澤。裁肪切玉。備具五色。乾如穴粟。浮如封肉。水泉砂礫。皆為凶宅。經曰。穴有三吉。葬有六凶。

藏神合朔。神迎鬼避。一吉也。

陰陽沖和。五土四備。二吉也。

目力之巧。工力之具。趨全避缺。增高益下。三吉也。

陰陽差錯為一凶。

歲時之乖為二凶。

力小圖大為三凶。

憑恃福力為四凶。

僭上偪下為五凶。

變應怪見為六凶。

經曰。穴吉葬凶。與棄尸同。經曰。勢止形昂。前澗後岡。龍首之藏。鼻顙吉昌。角目滅亡。耳致侯王。唇死兵傷。宛而中蓄。謂之龍腹。其臍深曲。必後世福。傷其胸脇。朝穴莫哭。是以禍福不旋日。經曰。葬山之法。若呼谷中。言應速也。

《本篇完》

（八）葬書白話意譯——郭璞著　繼大師意譯

葬者，是乘其生旺之氣，而大地陰陽之氣，其氣壅塞而忽然通順，氣壓之高低而使空氣流通成為風，空氣中之水氣聚集，上浮而懸於天空中而成為雲，空氣中的水蒸氣遇冷，便從雲層中降下水點而成為雨，雨水降落在大地上聚集流動而成為江河流水，水流行在地中而為生氣，水流生氣滋生萬物。

人之身體受父母之精血所生而成，父母之骸骨得大地之氣，其遺體受蔭，生存是由於精氣之凝聚，其中之精氣，凝結而成為骨骼，人死後而骨骸獨留，故將骨骸埋葬於地中，其地氣倒反入骨骸內，其中有福蔭後代生人之道理。

經曰：「氣感而應。鬼福及人。」是以銅山西崩，靈鐘東應。繼大師註：若西邊之銅山崩潰，則東邊之靈鐘自然發響，比喻事物之相應及吉凶之預兆。木華於春，粟芽於室，繼大師註：樹木茂盛於春天，穀子在室內發芽，如浸在水中之大豆、黃豆發芽而成芽菜，以供食用。

氣行於地中，其行走之途徑，視乎土地之形勢，氣之聚止，也因地勢所造成，丘壟之骨，土山山崗之支，氣在其中，隨宅而行。繼大師註：山丘中隆起的地方，地有石塊，故為龍之骨，泥土為龍之肉。

經曰：「氣乘風則散。界水則止。」繼大師註：地氣被風所吹便散，遇上橫過之水流或凹坑則止。

古人使地氣凝聚而不散，在行使時，使地氣有所依止，故謂之「風水」。風水之法，以得水爲上，（註一）藏風次之，（註二）何以這樣說呢！豐盛之地氣雖然流行，然而其餘氣如同是停止，雖然地氣零散，而地勢之深，如同是有所止聚。

經曰：「外氣橫形。內氣止生。」（註三）就是說這些東西。經曰：「淺深得乘。風水自成。」繼大師註：深淺得乘是指骨骸葬在穴中而淺深合於法度，能夠承接龍脈，得到地氣。

土地，是地氣之母親，有土地就有地氣，而地氣，是水之母親，有地氣就有水，故此氣藏於沒有水之地方（指山龍而言）應該是淺的，氣藏在平坦之地方（指水龍而言）應該是深的。

經曰：「土形氣行。物因而生。地勢原脈。山勢原骨。委蛇東西。或為南北。宛委自復。回環重複。」

繼大師意譯：土地是依照氣之形態而行，萬事萬物因此而生，地之形態由脈而來，山之形態由其骨架而來，彎彎曲曲，或東或西，或為南北，不停地屈曲，山脈回環重複。

山脈好像蹲下來等候時，亦出現有擁抱之象，山脈欲前進而卻步，山脈欲停止但卻深下而去，來脈累積而止聚，山脈之高低陰陽沖和，土厚水深，草木茂盛，貴在如乘千匹馬車。繼大師註：古代貴人出巡，千騎萬驥護送。富如萬金。

經曰：「形止氣蓄。化生萬物。」（註四）為上地也，地貴在平夷，土貴在有支脈，支脈之所起，而脈氣隨之產生，山脈停止，而脈氣隨之集中，觀支脈之方法，是山脈隱隱隆隆，若高若低，微妙玄通，吉在其中。

經曰：「地有吉氣。土隨而起。支有止氣。水隨而比。勢順形動。回復終始。法葬其中。永吉無凶。」（註五）

若山崗重重疊疊由高向低而來，羣丘衆支脈，應當選擇其特別的支脈，衆大則取其特小，衆小則取其特大，其形參差，其勢夾雜，主脈與客脈，兩者情況雖相同，但不一定可以造葬。

高地欲有突出於地上，支脈欲隱伏於地中，高地之支脈所停止處，平坦如掌。故經曰：「支葬其巔。壠葬其麓。卜支如首。卜壠如足。形勢不經。氣脫如逐。」（註六）

人之卜葬，是很困難的，突出之支脈與主脈，令人眩目惑心，很難分辨，禍福之差別，貴賤有間斷。何謂山呢！其形勢險要而有氣勢，若得其方法則可葬在其氣所會聚之處，故造葬時，是要看其開始的山脈，憑藉看山脈所止之處，審察其無用的地方，選擇其輔助之山脈，避開凶惡山脈之爲害。

地氣淺則乘其所淺而葬之，地氣深則挖土亦深而葬之，闢其土通其地氣。繼大師註：指修造穴地之方法，例如墳穴之左右兩旁略為挖深，使成界水位，避免下雨時吉穴被雨水沖射。**地氣若閉合則使堅固之**。繼大師註：亦指修造墳穴之方法，例如在墳穴頂上堆土，使墳能更接地氣。

乘金、相水、穴土、印木（註七），**穴外八方有風，穴中藏氣，內祕藏五行**。繼大師註：即後靠金形山丘，左右有印木之山脈，前有弧形界水相交，穴中是土，穴土之下溫暖，故屬火，所以有「金、木、水、火、土」，五行在其中矣。

天光下臨。繼大師註：指穴因得位，自然有天地之氣降臨在其中，亦即穴向生旺之氣，時空之元運，亦即元空之真氣。**地德上載**。繼大師註：穴因得中位，其地氣由後方而來，聚於吉穴中，氣由地底而上升。

陰陽之氣沖和，五土四備。繼大師註：乘金、相水、印木、穴土等四樣東西齊備，則穴土之下，地氣溫暖，自然有「火」，五行齊全也。**是以明白。知道這些天機的君子，可以奪天宮，改天命也**。

經曰：「目工之巧。力工之具。趨全避缺。增高益下。微妙在智。觸類而長。玄通陰陽。功奪造化。」

上等穴地之山，山脈像伏下，又像相連，其原本是天地自然所生成的，又像水之波浪，又像野馬在奔馳，其來龍起脈若奔馳而來，其氣脈停止時像屍體般的靜止，像懷藏着萬般寶物一樣，像燕子在休息般。又像很多美食排列而潔齊一樣，像一個充滿氣之皮袋，又像貯備盛滿之器具。繼大師註：比喻真氣聚而不散。

如龍飛、鳳舞、飛鸞在奔騰，或在盤旋，像飛禽伏下，像野獸在蹲下，若皇帝之尊貴也。

穴前明堂開陽，天光發新，穴前衆水所匯而朝拱穴場，衆水皆能爲穴所用，朝海拱辰，穴之左右有山脈環抱守衛，穴之後靠山丘及前朝山峯來迎，穴之前後左右四山端正明確，五害不親。（註八），繼大師註：五種禍害不會發生在吉穴上。穴地有十樣吉祥之處，只有一樣不具足，（註九）這些都是其次。

乘金、相水、穴土、印木結穴圖

童山不可葬

斷山不可葬

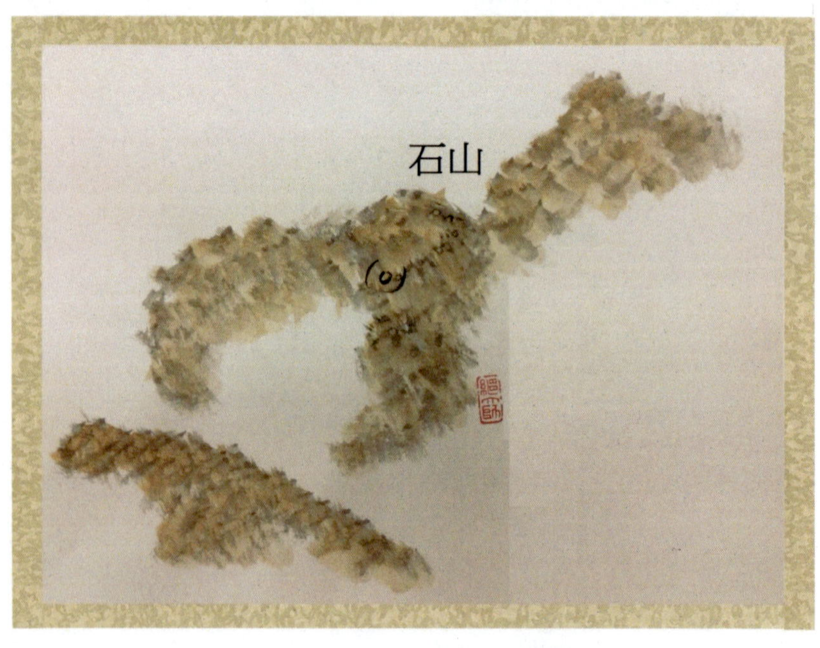

石山不可葬

山之不可葬者有五種，這關係到和諧生旺之氣，五種山是：

童山不可葬 — 山脈之氣以生和。繼大師註：不生草木之山脈，謂之「無衣」，稱曰「童子」，其土質不佳，無地氣也。

斷山不可葬 — 氣因形而來。繼大師註：山脈若崩陷或遭鑿斷，其氣脈不連續，葬下則不能接收地氣，脈斷則氣不能通，故不可葬。

石山不可葬 — 氣因土而行。繼大師註：石山多是因為受風吹雨打所做引致，故風煞必大，或是山脈地氣沒有變化剝換，地氣必粗頑，出人必惡，若穴是真結而附近沒有頑石，則可以下穴也。

過山不可葬 — 氣因山脈之勢而止。繼大師註：山脈形勢未止，地氣不能聚，行進中之山脈稱為「過山」，行進中之山脈不能結穴。

獨山不可葬 — 地氣以山脈之相會爲聚。繼大師註：單獨之山脈必孤單而顯露，露而必受八方之風吹襲。

經曰：「童、斷、石、過、獨。生新凶。消已福。」

占山之法，以形勢爲最難，繼大師註：即風水中之巒頭功夫。**其山之形態次之，**繼大師註：指山脈像人物或飛禽、走獸，或物件等，稱為「地物」。**方位又次之，**繼大師註：指理氣，即穴之方位，山脈之來氣方位，龍、穴、砂、水之方位也。

山脈之形勢，如萬馬像天那像高地奔騰而下，葬下是出王者之地。其形勢如巨浪，重重萬嶺疊嶂，從雲處而出，葬下是出爵祿三公之地。

繼大師註：大山大幛重疊而來。**葬下是出千歲皇爺之地。其山勢如降龍而來，而其水流又纏繞，像**

其地勢如重重房屋，草木茂盛，是開府建國之地。其地勢如驚蛇，屈曲徐斜而來，繼大師註：來勢凌亂也。**是滅國亡家之地。其地勢如戈矛那樣地凶險，是兵死刑囚之地。其地勢如流水，生人皆像鬼物。**

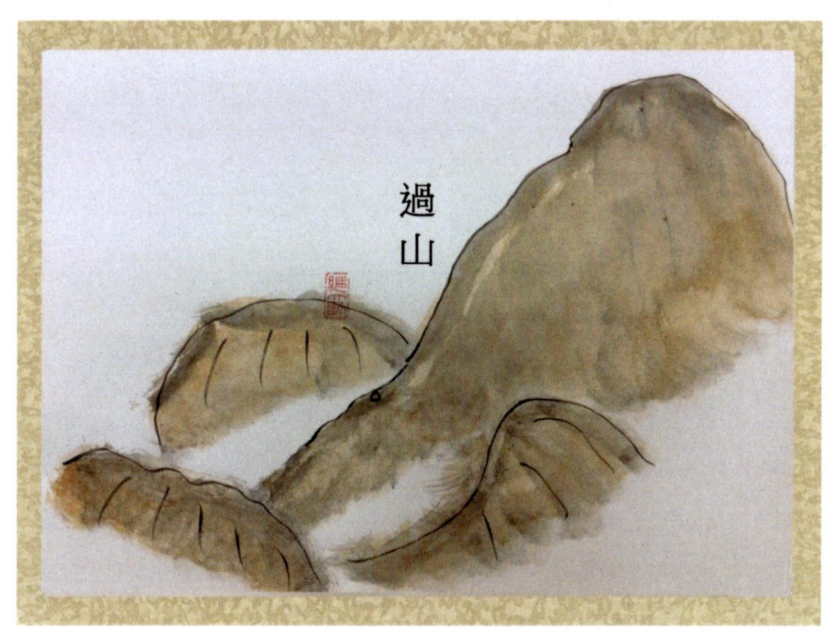

過山不可葬

獨山不可葬

前山逼穴被欺壓

逼山不可葬

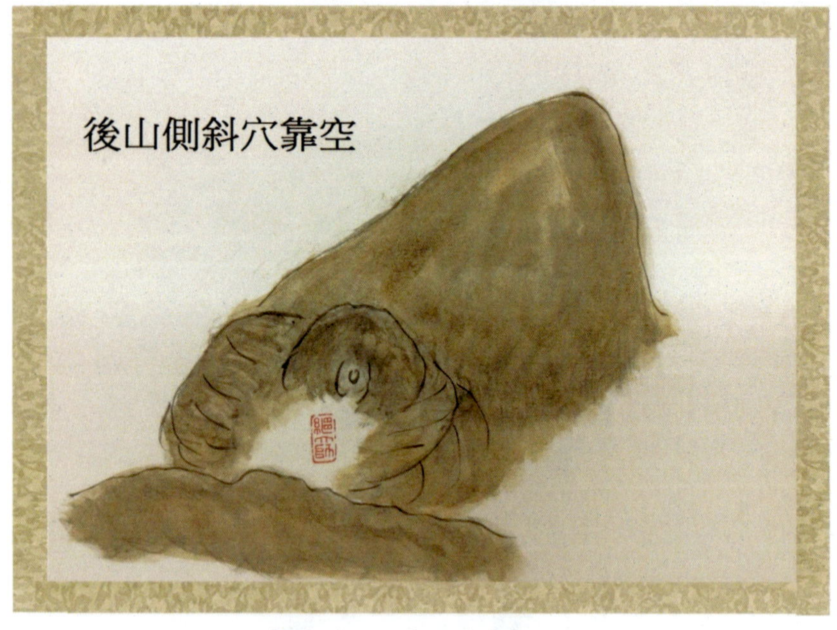

側山不可葬

其形勢如「負扆」，繼大師註：扆音倚，古代畫有斧紋的屏風，天子朝諸侯，諸侯皆背扆南面而立，故稱「負扆」。**有壠在中間屹立**，繼大師註：壠同壟，凸出之略高之地。**依法葬其氣止之處，後代則有王侯崛起。形勢如燕巢，依穴法葬其凹處，則胙土分茅。**繼大師註：胙音做，帝王以土地賜封功臣，酬其勳績，謂之胙土。

其形勢如側罍，繼大師註：罍音雷，古代盛酒之器皿，其形勢側而不正。**後方山崗由遠處而來，穴前正方有山脈屈曲而回頭守護吉穴，則九棘三槐**，繼大師註：（棘音擊）相傳古代群臣外朝時，立九棘為微幟，區別等級職位。周禮秋官朝士：左九棘，孤、卿、大夫位焉……右九棘，公、侯、伯、子、男位焉。九棘為九卿之代稱。

其形如覆釜，繼大師註：覆轉之古鍋。**其巔可富。**繼大師註：這指圓金形山丘之頂造葬，但必須四應之山齊備，為山頂騎龍穴。

其形與帶帽，則永久昌隆且歡樂。其形如投筭，繼大師註：筭即算，古代計算用的籌碼，投筭即扔掉籌碼之狀。則百事昏亂。其形如亂衣，出極妒忌之女子及淫蕩之妻女。

形如灰囊，（灰袋）則災舍焚倉，有火災之害也。其形如覆舟，女則生病，男則獄囚。其形如橫几，子滅孫死。其形如臥劍，誅殺侵略的外族。形如仰刀，有凶禍之徵兆。

像臥下的牛及奔馳的馬，鸞舞鳳飛，屈曲跳躍的蛇；水魚龜類，以近水作分別，像牛則富，像鳳則貴，像跳躍的蛇則凶危，類似這類的各種動物之形，下葬皆不適宜，如前所述的四種應事之物，繼大師註：牛馬、鸞鳳、螣蛇、龜鼈。其方法與上述之喜忌相同。

千尺之高度為「勢」，百尺之高度為「形」，勢與形順隨者吉，勢與形逆反者凶；勢凶形吉之山脈，百種好處能得其一已經很好了；勢吉形凶之山脈，不出幾日而其禍已至。千尺山脈之勢，屈曲宛委地稍頓休息而來，外處沒有山脈以拱聚本身山脈之內氣，而氣散於地中。

經曰：「不蓄之穴。腐骨之藏也。」繼大師註：即山脈之氣脈未止，氣不能聚，而氣不蓄之地若下葬，骨必腐朽。

由於敝塞之氣突然暢通，故此流動之氣能生發生旺之氣，龍虎砂脈，繼大師註：穴之左右護衛山脈。**所以守護穴及近旁之區域，重重疊疊中間而來的山丘，若左空而右缺，穴前空曠，後方來脈折斷，生氣便在飄風中被吹散。**

經曰：「騰漏之穴。敗槨之藏也。」繼大師註：山脈飛騰，脈氣未止，左右沒有山關守，葬下棺槨被風所侵而致敗也。

經曰：「外氣所以聚內氣。故水所以止來龍。」繼大師註：山脈在行進後而止於平地中，必須前面中間及左右方有山脈關欄，是謂：〝「外氣聚內氣」。而一大塊平地，若遇有橫流之水流，則水氣可止龍氣，但若結穴，必須符合結穴之條件。

千尺高之山脈爲「勢」，百尺高之山脈爲「形」，勢來而形止，前親後倚，繼大師註：即前有近案之山止氣，後有來龍而作靠山。**爲吉藏也。**

經曰：「地有四勢。氣從八方。」故葬之地，以左方爲「青龍」，右方爲「白虎」，前方爲「朱雀」，後方爲「玄武」，故此穴之後方來脈要垂頭，謂之「玄武垂頭」。繼大師註：垂頭者氣始化也，如來脈急速，突起一星丘，然後緩慢而落脈，此脈即化氣。

朱雀要翔舞，繼大師註：穴之前方之山要有情，為穴所受用。**青龍方要蜿蜒有情，白虎方要馴頫**繼大師註：頫音眺，即低頭也，温馴和凶猛，右方白虎砂低頭，勢雖凶猛，但聽命於穴，為穴所受用。**形勢若相反，主應破敗而死也。**

故此，白虎山形蹲下，謂之「啣屍」，青龍方踞下（蹲下），**謂之爲「嫉主」，後方之玄武不垂頭者卽拒屍，穴之前方朱雀不舞者卽騰去，土圭測其方位，**繼大師註：「土圭」是古代測日影的儀器。**玉尺**（即圭尺）**度其遐邇。**繼大師註：即在穴地之內量度其方位及方向。

以支脈爲龍虎砂（左右之山脈），**來龍之來脈及去脈，其蹤跡看其山崗及丘阜，其山丘如肘臂，此謂之環抱，以水流爲穴之朱雀**（前方），**其衰旺關乎其形狀而產生尅應，切忌急湍及激流，此謂之悲泣。**

穴之朱雀（前方）**源自於生氣，水流未形成大河前，便以產生支流，當聚集成大江時則大旺，將近衰敗之時，便滋潤著大地，流注於圍困及枯萎的地方，從此循環不息。**繼大師註：此指水流帶着生氣，有來、有聚、有散，如是者循環不息。

看流水之法，以每一屈曲爲一折，水流在積聚後便流走，洋洋悠悠，有顧我欲留之勢，繼大師註：即在穴前看見水流屈曲而去，水去又有回頭之情意，稱「九曲水」。**其水流來處，看不見其源頭，其水流之去處，看不見其流水。**

經曰：繼大師註：指【秦】樗里子著《青烏經》「**山來水去。貴壽豐財。山囚水流。虜王滅侯。**」

繼大師註：即山來朝穴，水流環回擁抱，則富貴、壽祿、財豐也；山勢囚困圍著穴場，水勢又流走，是虜王滅侯之地。

穴之泥土像幼細但堅實，油潤而不濕，像裁肪及切玉一樣，具備五色土，若乾如剩餘的穀子，濕如剛被割下之肉，又有水泉砂礫，此皆爲凶宅。

經曰：「穴有三吉。葬有六凶。」藏神合朔，繼大師註：指選擇吉日下葬。**吉神相迎，惡鬼避之，一吉也。土地陰陽之氣得以沖和，五土四備，二吉也。**繼大師註：乘金、相水、印木、穴土等四樣東西齊備，則穴土之下，地氣温暖，自然有火，五行齊全。

點穴時眼力巧妙，技藝高明，功夫具備，迎合四周之山脈，避開缺口或其缺點，若四周地勢高，穴則高處點，若四周地勢低，穴則低處點，是謂：「增高益下」，則高低得宜，三吉也。

若陰陽差錯爲一凶。繼大師註：其差錯包括脈之陰陽，向之陰陽。**不正確的日課下葬及不得元運之龍穴爲二凶。力少圖大爲三凶。**繼大師註：穴之力量少，而希望得到極大之福力，這亦包括穴大葬小，浪費地氣，穴小葬大是地氣衰敗之象，這要造葬得宜。

憑持福力爲四凶。繼大師註：自持福力大而點取大吉之地，皆自視過高，若自身福力不夠，而選取大地，則必帶來災禍，或穴遭破壞，或造葬不得法等。

僭上逼下爲五凶。繼大師註：霸佔上面，凌逼下面，即人家已葬在吉穴上，而強葬在人家墳穴之頂上，是謂：「佔人墳頭」。

變應怪見爲六凶。繼大師註：對於穴之尅應有怪異之見解，或對於穴法亦具怪見。**經曰**：(【秦】樗里子著《青烏經》)「**穴吉葬凶。與棄屍同**。」又曰：「**勢止形昂。前澗後岡**。」（註十）

龍頭隱藏之地方，其鼻、額之位置是吉利昌盛的。其龍角、龍眼的地方，葬下後代皆滅亡。若葬龍耳，則後代可致侯王。若葬在龍唇，則受刀兵而死傷。

在龍行之時，其身彎曲而下，氣在中間蓄聚，此謂之龍腹。若龍腹中的肚臍深而曲，後代必能得福；龍之胸及脅若遭傷害，朝穴莫哭。（註十一）

是以禍福在朝夕之間轉變，經曰：「葬山之法。若呼谷中。」繼大師註：即葬山之法，好像人們在山谷中大聲呼叫一樣，必有迴音出現。其所說是葬山尅應甚速之意。

註一：「得水為上」，這「得水」，是以穴上來說，前山高於後靠之山，下雨時，前山之水氣，依地勢之高度而流來，穴是迎朝前山之水氣，是為逆水。

這逆水，即是「得水」。又再穴上看見穴前有水流迂迴曲折地由遠方流來，穴亦是得水，但水流切勿由穴前正沖而來，是水沖而射穴，大凶也。若穴能得水，是最好的。

註二：「藏風次之」，穴之後方、右方、左方均有山脈環抱而不欺壓，穴前中間有平地，是為堂局，平地之外，又有群山環繞，則穴受群山所保護而不受風所吹，是謂「藏風」而氣聚，而穴以藏風為其次。

註三：「外氣橫形。內氣止生。」即是地脈之氣由高向低行，一遇上前山橫放而關欄，則脈止而氣止，這樣穴內生氣亦止，這近穴前之山，稱為「案山」，因山形橫欄，以止龍氣，故又稱：「橫案」。

案山可以由穴後主脈之分支而來到穴前作關欄，亦可由外來之山脈分支而來，若由穴本身之左後方而來，經過穴之左方關欄到穴前，則稱為「青龍捲案」，若在穴之右方而到穴前，則稱為「白虎捲案」。

註四：「形止氣蓄。化生萬物」即是山脈之形勢有止步之態，其脈氣止而真氣聚，則生氣融洽，一片祥和之氣，則「化生萬物」，比喻生旺之氣。

註五：這是解釋地有吉氣，而土脈由高向低行，則吉氣隨之，支脈停止而氣亦止者為之脈，脈兩旁是界水，脈前行，界水亦相隨之，兩者成比和也。若山勢之形態由高至低而行，則顯示其流動之形態，若能依法尋得龍穴，則永吉無凶。

註六：這段說明矮的支脈葬其頂，高地葬其腳，卜葬支脈上如人之頭，卜葬高地上如人之足，形勢沒有規律的，其脈氣像被追逐般的走脫。

註七：乘金、相水、穴土、印木，這全部指點穴之法，筆者繼大師解釋如下：

乘金——凡是穴位，必有來氣山脈，至到頭一節，必起山丘成星體，這「乘金」，是指穴位所在之地，一定要得到來龍之氣脈，是金形山最好，「金」是指圓形山丘，亦是墳穴能得到圓金形山丘作靠山，是謂能得到地氣。

相水——穴中之左右有山脈相匯於穴前近方，山脈之側凹處，稱之為「界水」，穴必須有弧形山脈及界水環抱於左右，且相交於近穴前方處，水氣由穴之左右出於穴前相交處，則穴之左右，必有山脈環抱守護，是謂「金魚水」。

金魚以左右鰓吸氣，然後在金魚口中呼出，故此用「金魚水」去形容穴情，是最好不過的了，這「相水」又稱「合襟水」，若水從穴之後方而來，稱為「元辰水」，不論何種名稱，皆以「水」作護穴為主。

印木——穴之左右方有山脈守護，因左右山脈由穴後至穴前成一字形守護穴場，一字形稱「木形」，故此以「印木」為比喻，亦即穴之左右龍虎砂。

五行結穴法
戊戌秋
繼大師
乘金
穴土
地火
印木
印木
相水

天心十度証穴

土形穴星，前朝火星，穴位龍虎二砂，這四應星亦是天心十度証穴。

穴土——穴墳後有金形山丘，左右有印木之山脈，亦有相水交於穴前，故穴在中心地方，中心稱為土，故稱「穴土」。

地火——因穴下泥土有地氣，故泥土溫暖，所以有溫度，稱為「火」，於是「金、木、水、火、土」五行齊備。**《五星結穴法》**之綜合，便是**《天心十度証穴法》**，兩者互配，加上看來龍氣脈，便是點穴秘法。

註八：五害不親，即五患也。一是開拓道路而損害穴墳，二是發展城市而遭破壞，三是開鑿溝池或窰灶，四是為權貴所奪，五是開發耕地而穴遭破壞。這五種禍害很少會發生在吉穴上。

註九：即龍穴在擁有十樣好處中，只有一樣欠缺而不能十全十美，而《青烏經》內有穴之十不葬，即是：

一不相粗頑醜石——山脈帶醜石而粗頑，是龍脈化煞未清，脈受風煞所致，其結穴處若沒有頑石是可以葬的，若穴之左右有山丘守護，而山丘上又有大石粗頑而外向，則可增加穴之威勢，稱之為「曜」，若真龍結穴，其主脈必定變化剝換，脈由粗頑帶石而變成幼嫩秀麗。

二不相急水爭流——若山脈一帶有急促之水流爭相而下，必有很大的水聲，其地勢必然陡斜，若穴前見有急水相交爭流，是極凶也。

三不相窮源絕境——在窮源絕境中，必定是水流之源頭，是流水之水尾，若有龍脈，必是發脈之處，是為「窮源之地」，所以不可相。

四不相單獨龍頭——單獨龍頭之山脈，必是沒有左右山脈相護，沒有守護則多受風吹而露脊，這種情況是不相的，若本身山脈雖附近沒有山脈守護，但遠處左右有山群或高峰，而本身山脈在行進間左右處有脈之肢爪，這不算單獨龍頭，若真是單山獨龍孤寒無倚，則不可相。

五不相神前佛後——墳若葬在廟宇道觀附近，則易被廟宇吸收其附近之地氣，因廟宇道觀多建在吉穴處，或在水口砂處，即水流流出大湖或大海之交界附近，若廟建在水口砂處，必兜收逆水水流。若墳穴葬在附近，因是出水口處，其後靠必然欠缺，是屬孤單無倚，又被廟宇所奪氣，故不相。若墳點葬在真龍結穴處，則不為懼，自然能夠得到地氣。

六不相墓宅休囚——墓宅休囚，是指龍穴之大旺氣運已過，現正逢衰敗，縱有吉穴，亦不發福，是地之時運不逢。

七不相山崗潦亂——山脈形勢沒有一定之形，其脈勢凌亂，條條無情，脈氣未止而不聚，不可相也。

八不相風水悲愁——風水悲愁者，是有水急流，山又粗雄，凹風交吹，發出聲音，如哭泣之聲，其地多為古之戰場，或逢盜賊殺戮之地，故不相。

九不相坐下低軟——指山脈雖由高而出，但到脈近盡處忽然低下，軟而無力，是脈沒有氣，故不相。

十不相龍虎尖頭——穴之左右山脈稱為龍虎，若龍虎山尖頭而相對，是謂龍虎相鬥，主兄弟不和，若尖脈沖射穴場，是大凶之象，主惡疾凶險橫禍，故不可相。但若穴場之左右龍虎有尖峰向外射，或有石曜向天，則是穴之吉星，稱為「曜星」，增強穴之貴氣，穴若有「曜星」，多是貴地，這又例外。

註十：穴若吉穴，但造葬不合法度，則如同棄屍。例如下葬時把穴之五色土暈打破，或淺深不合，或碑向不合陰陽等。來龍之山脈，其勢有停止之動態，但其山脈形狀是昂頭之形，即是穴之父母山丘，穴前又有水流橫截龍氣，後之山崗，亦為吉穴之靠山，這是結穴之首要條件。

註十一：此葬書一段中所説之龍頭、龍角、龍眼、龍耳、龍唇、龍腹，皆是形容山脈在行進間及在結穴處之間的地方，這要以証穴方法才可判斷穴之正確位置，要細察龍脈，其氣止於何處，砂脈是否有情守護等。

此段説龍鼻、龍頟，是説其地點得中位，而龍角、龍眼則是説龍脈之偏位，龍耳是説脈之不高不低之中間位，龍唇是説脈之氣盡位，是漏胎而氣不聚之處。這種種之形容，皆是比喻之詞，這一定要深懂龍穴之法，又明白點穴之法始可以邀福。其証穴之法以「乘金、相水、印木、穴土、地火」為首要條件，請詳細參閱「註七」中之解釋。

《本篇完》

（九）葬書分段註譯 —— 郭璞著　繼大師註

原文：**葬者乘生氣也。夫陰陽之氣。噫而為風。升而為雲。降而為雨。行乎地中而為生氣。生氣行乎地中。發而生乎萬物。**

繼大師註：人死後所葬之地方，若得到天地間陽和之氣，天地有陰陽之氣，例如有太陽喻陽，月亮喻陰，地方受大山蔽塞而前方有空隙或空曠之地方，空氣變化流動。

噫（音衣，歎詞）。這裏表示空氣在壅塞之下而突然流通，氣壓之高低使空氣流動而成風，水氣被太陽蒸發而上升為雲，在天空凝聚，降下而為雨，雨落在大地上，依地勢而聚集成溪澗，匯合而成江河，河流流動而引風動，於是生氣隨流水或在高山低嶺處行走在地中，令萬物生旺。

古人以大自然之風及水去形容「生氣」，觀察山川地勢，去評估生氣之凝聚或消散，以得到生氣之助，能使大吉而生旺，萬物依生氣而旺盛，這是古人在風水學上之根本理論。

原文：**人受體於父母。本骸得氣。遺體受廕。蓋生者氣之聚。凝結者成骨。死而獨留。故葬者反氣內骨以廕所生之道也。**

繼大師註：人身受父母之精血所生，而父母之骨骸得了地氣，其遺體受蔭，「生」是精氣之凝聚，精血成骨肉，人死而肉體化掉，只剩人骨。

將骨骸葬於有地氣及生氣之地，地氣入於骨內，令後代生人得到先人乘地氣之力而受蔭，且能得福，這是古人相信地氣力量，亦是風水之功能，後人相信此道，因而得福，此是中國民間信仰，亦可稱為民間宗教。

原文：**經云。氣感而應。鬼福及人。是以銅山西崩。靈鐘東應。木華於春。粟芽於室。**

繼大師註：祖先骨骸受地氣之影響而產生感應，以致祖先鬼靈福蔭於後代生人，郭璞引經據典，明顯地「氣感而應。鬼福及人。」這句經文出於更古老的風水著作之中。

銅山西崩。靈鐘東應。這兩句是引用漢代曾經發生過的事件。當代漢高祖劉邦得天下（公元前二〇六年）時西漢於長安城建未央宮，後有兩日其鐘自動鳴響，東方朔曰：「必主銅山崩應。」未幾西蜀果然銅山崩塌，其時間剛好是未央宮之鐘鳴響之時。

漢高祖問東方朔：「何以知之？」答曰：「銅出於山。氣相感應。猶人受體於父母也。」帝嘆曰：「物尚爾。況於人乎！」

木華於春。粟芽於室。是指氣之感召。如人藏粟，春天到，粟木有花生出，而藏在家裏的粟亦發芽。是相應之象。

原文：**氣行乎地中。其行也因地之勢。其聚也因勢之止。丘壟之骨。岡阜之支。氣之所隨。**

繼大師註：生氣在地中行走，是因地形之不同，地氣由高處流去低處，脈由高山而落下，地氣隨脈而至，脈與脈之間的凹位，便是水氣流下之位，便是界水凹坑，水氣向下流，生生亦隨之，脈到平地，三面環山，一面略低，水氣聚於平地上而慢慢向略低之一方流出，則生氣便凝聚於平地上，然後慢慢流走至略低處出，所以地勢造就生氣之凝聚，以及生氣之消散。

山丘或在平地上之高地山坡，在大地出現，可稱為龍之骨，山岡及山阜小丘是其支脈，平地之上，高出之山形，正是地氣行走之處，故大地如網狀，地脈流動於略高處，由高山之一方，流去大海之一方。

原文：**經日：氣乘風則散。界水則止。古人聚之使不散。行之使有止。故謂之風水。風水之法。得水為上。藏風次之。**

繼大師註：郭璞引用古代風水經書，指出生氣乘着風之流動而消散。平地上之水流，橫界着山之地氣，或有凹坑在山脈之下方界着，此則稱為界水，而界水有止着風流動之功能，原理是平地中有水流橫流，風從水流之方而去

古法原理是：「水去則風來。」

風隨水流而去，若有風從四面四方八面吹來，在平地上吹着，一遇水流，隨即依附着水流之流動引力，而消於水去方，故一大片平地上，古人以靠水居住，靠水等於在山崗地勢上之靠山，是避開風之所吹。

古人以風流動之特性，引動水流，包括人工化之水流，做出吉祥的形狀，使來水去水彎環，而使生氣凝聚，並且不散。水流之行徑動態，能令生氣流動及集中之力量，故以觀察水流而得知生氣之行止，故為之「風水」。

風水之方法，以得到水流來氣為主，山崗中之水氣向低流，陽居或陰宅若能得水，則為首要條件，名為「收逆水」，即門口或墳碑能面向水流流來之方，並且不沖射，本身見之，即是兜收逆水；而藏風則次之，「藏風」即如三面環山，一面略低，在環山之平地上，生氣便凝聚其中，故謂之「藏風聚氣」。

原文：**何以言之。氣之盛。雖流行而其餘者猶有止。雖零散而其深者猶有聚。經曰：「外氣橫形。內氣止生。」蓋言此也。**

繼大師註：作者說為什麼是「**得水為上。藏風次之。**」呢？他解釋，當生氣被四周之地勢所環抱，而生氣聚多以致氣盛，生氣雖然仍然在流行，其餘部份生氣亦有聚止，雖然某些餘氣零星地散佈在其他地方，然而在地勢較深窩之處，亦有生氣凝聚。作者引用古代風水經書曰：「**外氣橫形。內氣此生。**」就是指這種情況。

「外氣」是無形的，他指出門外或墳穴之正前方，若見有一橫欄之山丘，其高度在門外或墳穴上所見，是在眉與心胸之間，這樣風在四方而來，一遇門外橫長之山丘，風便繞道而行，但始終亦先聚於橫長山丘與墳前或陽宅門口之間的平地上，然後始慢慢流走，在這平地內，稱為「明堂」。

橫長之山丘，阻隔着門外更遠處之風吹入屋內，故山形橫長擋着屋之外氣，而平地明堂為屋之內氣，生氣便凝聚於屋前方平地上，就是外氣止內氣之原理。

原文：經曰：「**淺深得乘。風水自成。**」**土者氣之母。有土斯有氣。氣者水之母。有氣斯有水。故藏於涸燥者宜淺。藏於坦夷者宜深。**

繼大師註：當點得有地氣之地方，則風水自然能成。但要下葬深淺得宜，一般葬法，是山崗龍脈結穴，若兩旁之水坑深，落葬亦深，一般三、四呎，或至六英呎不等，地脈之氣，因兩旁之界水深，而地脈亦在地脈深處行走，故宜深葬。

平地上，以水流為界，兩水流之間所夾之處，便是平地地脈之氣所流經之處，因平地，故地氣在地面淺處行走，若有穴結，葬要葬得淺，故說宜淺葬。

作者解釋，山川之間，有泥土始有地氣，地氣是依附着土地的，而氣者是水之母親，這「氣」是指水氣，當山勢有高低起伏時，下雨時，水氣聚集，由高向低流，流在窩深之山坑溪澗處，若沒有下雨，晨早時，濕氣凝聚，亦是由高向低流去。

這些水氣、濕氣，聚集了很多，變成為水流，水氣先，流水後，有此濕氣水份，始有水流，故在平坦之地方，地氣較深，這說法要視乎兩旁之水流有多深，水流深，地氣始在深處，水流淺，地氣在淺處，而山龍之脈氣兩旁之凹坑若淺者，甚至經常枯涸者，則地氣在脈氣淺處流行。

無論如何，界水之深淺及界水之乾濕，去判斷地脈在行走時其地氣之深淺。

原文：**經曰土形氣行。物因以生。地勢原脈。山勢原骨。委蛇東西。或為南北。宛委自復。回環重複。若踞而候也。若攬而有也。欲進而卻。欲止而深。來積止聚。沖陽和陰。土厚水深。鬱草茂林。貴若千乘。富如萬金。**

繼大師註：郭璞引用古代風水經書，意思是有山之形勢出現，地氣依山脈之勢而行走，而山脈形勢千變萬化，有像人形、獸形、物件不等。

地勢之形成，由山脈而生，山之形勢，由高而低，山峰若有石塊出現，是龍脈未經剝換變化，山脈內之脈石，好比是龍之骨，故泥土石塊等，不可分開，同屬於山勢之一部份。

山脈有屈曲之勢，或擺東擺西，或迂迴曲折，向南向北，由高向低左右擺動而行，或作回頭環抱之勢。無論如何，山形之骨架是山脈形勢之骨幹。

山脈在行進時，亦有像蹲着的樣子，似在守候着的姿勢，亦有突然轉彎作攬抱之勢；有山脈在行進時將不願前行之勢，想前進但又不想行，這些山脈有時行進時，兩旁左右有伸出之支脈，像脈之支爪，若支爪推向前面方向，其脈勢便有欲止之形。

若脈之左右支爪伸出而向後彎去，即表示山脈有繼續前進之態，山脈或突然起出一山峰，或圓或尖不等，此為之昂頭，看其山峰之形向何方，即知其情意，若山峰之頭有回望之勢，便是欲去還留。

山脈在行進間突然跌下而成一深坑，坑後又出現平地，然後而恢復出現支脈，山脈又有欲卻步之勢，有時一脈生出多支脈，多支脈又可以連接一粗脈，山脈之高低、大小、多少、長短、粗幼等，變化不同，總之千變萬化。

山脈若來而有止，脈氣止而地氣聚，有界水橫止來脈，樹木茂盛，這表示地氣深厚，像極貴之人乘坐千騎萬驥一樣，山脈肥則人肥，穴逆收水氣，則富有萬金。

一般生出富貴之地，一定是逆局，前收重重遠山大嶺，明堂三或四重，及至多重，內緊外廣，左右龍虎重重，尤貴也。真龍要有主脈，兩旁有護脈重重，高低起伏，跌斷過峽，脈氣清純，山峰磊落，主峰端正，故大地難得，可遇不可求。

原文：**經曰：形止氣蓄。化生萬物。為上地也。地貴平夷。土貴有支。支之所起。氣隨而始。支之所終。氣隨以鍾。**

繼大師註：地之形勢有停止之勢，則地氣有止蓄，有地氣之處，可蔭後人，後代人丁旺盛。但凡山脈將結穴，一定在一處地方，有脈突然收窄，主脈左右分脈支爪推向前方，脈收窄後再起出一圓頂山丘，山丘之下再開左右護脈，中脈落下，遇一平托，兜收餘脈地氣，穴結中脈近下端處，這是山崗龍之穴法及龍法。

若在平地結穴，其地勢是一大片平地，要看水流，這是「平洋地」，若水流少而為平坡地，則是「平陽地」，平洋地是水流多而分佈廣，分別於水流之多與少，兩種地同屬一格。

平陽地是取一突之山坡，左右有水流守護，突坡中又分出左右微脈，穴在中間微脈上，一突之正下方，穴背一突山坡，朝向一大片平地，而遠遠之平地有漸高之勢，穴中望去，至人之眉及心胸之間，前方漸高之地勢，級級朝來，是逆水穴之格局。

楊公謂：「**平洋一突勝千鋒。**」皆指平地中結穴之貴，大地之氣，盡收於一點，故大貴，「地貴平夷」，皆指此平地格局之地勢。

山勢有脈，脈分出很多支脈，主脈山嶺綿綿大片，支脈無數，這表示龍之主幹，幹龍是大龍脈，結穴亦大。脈支分散到各方，地氣亦隨脈支而行，地氣由始而終皆沿着地脈前進，脈厚而長，表示來龍長遠，是大龍脈。

古人說千里來龍，是結出皇帝之大地，故幹龍尤貴，以中國為例，全國有三條皇帝級之大幹龍，中以秦嶺為主脈，北以燕山及長白山，南以黃山為祖山，水以黃河、長江、鴨綠江、珠江等為主流；看水流之流動，則可見山脈之去向，主脈大脈看大水流，支脈小脈看小水流，小水流匯入中流，中流匯入大流。而山脈則相反為主大脈分出中脈，再分出小支小脈，支脈生出，則脈氣亦隨支而去，脈止則地氣亦止。

原文：**觀支之法。隱隱隆隆。微妙玄通。吉在其中。經曰：地有吉氣。土隨而起。支有止氣。水隨而比。勢順形動。回復終始。法葬其中。永吉無凶。夫重岡疊阜。羣壟眾支。當擇其特。大則特小。小則特大。參形雜勢。**

繼大師註：觀支脈之方法，看其重疊山脈，由高至低，地氣在其中，得地氣之穴位，福蔭後人，大吉之地。地有吉氣，地勢中之地形，造就出地氣集中之地，地脈分出各支脈，支脈若環抱主脈，主脈之地氣可止蓄，地氣凝聚，而水流與脈同行，水流必橫截主脈。

脈之動態繁多，觀有氣之地脈，其方法是眾長擇其短，眾大擇其少，眾高擇其低，取其獨特之脈，脈氣若止，山勢必在止脈之前方環抱，左右有護脈，前方有案山遠朝，穴結主脈之下，得此方法去造葬，大吉也。

原文：**主客同情。所不葬也。夫壟欲峙於地上。支欲伏於地中。支壟之止。平夷如掌。故經曰：支葬其巔。壟葬其麓。卜支如首。卜壟如足。形勢不經。氣脱如逐。**

繼大師註：主脈是結穴之來龍，朝山是穴之客山，互相對朝，其有情無情，均同一看法，兩者山脈，並非全部可以造葬，要視乎是否有結穴之條件。

若平地高出之地脈，其勢安於地上，地脈再分支出去，與平地相連，是很難看出其蹤跡的，這要很小心看其凹凸之處，凹者為界水，凸者為地脈流經之地，若略凸之地脈，突然出現一塊平地如掌心，此即是地脈脈氣停止之現象，平地是穴之唇托，把地脈之餘氣收截，是結穴特徵之一。

郭璞引用古代經典，其意思是，支脈葬在其頂處，這要解釋一下，據筆者繼大師經驗，不明顯之地脈，出現在一大片平地上，是山崗脈落在平地上之去脈，平地上之去脈，多是山崗來龍之支脈，支脈低而主脈高，故取穴在支脈上，以脈頂略平處為要，後靠着山崗之來龍主脈，這地勢是平地與山崗之地形。

故葬於支脈之頂，亦不算為高，因為四周有更高之山脈環繞，是以地勢之比例而點出其高低位置。

若如兩廣丘陵地帶，山脈高低起伏，丘陵在平地上，山峰落脈，到山腳下，多是盡結之地，前方平地為明堂，朝山、龍虎俱有，故穴結山腳之下是盡結。

古人以點在支脈山頂之穴，為騎龍穴，如人之頭頂；點於高地之腳下，比喻為人之足腳，山之勢是沒有一定的規律，其氣脈就像互相追逐般地走脫。這是古人之解釋。

原文：**夫人之葬。蓋亦難矣。支壟之辨。眩目惑心。禍福之差。候處有間。山者勢險而有也。法葬其所會。故葬者。原其所始。乘其所止。審其所廢。擇其所相。避其所害。淺以乘之。深以取之。闢以通之。闔以固之。**

繼大師註：古人對造葬點穴之法，即使明師，也覺得困難，反觀現代之人，明師甚少，能懂點穴造葬者幾稀。古人以支脈及高起之地，認為分辨是很困難的，令人迷惑的，而禍福之分別，如王侯及亡國奴等，即是：「勝者為王，敗者為寇。」

險要之山勢是有的，於其脈氣所聚之處點穴造葬，故在點穴造葬之時，先看其山脈之開始處，看其脈所行經之地方，審察其無用之地方，選擇其輔助之山脈，避開形勢上尖剋沖射，地氣淺行則淺葬，地氣深行則葬深處，阻礙的地方要掘除，使通之，不足之地方要種樹或培土補之，這是造葬修補吉穴缺點之方法。

例如穴之左前方有凶山尖射穴場，可在穴之平托唇邊有尖射之方，種樹遮蓋，使凶山不能尖沖剋射墳穴。又例如，穴前平地很淺，內明堂不夠深，則可取泥土填之，使平托更深，這便是人工修補之法也。

原文：**乘金相水穴土印木。外藏八風。內祕五行。天光下臨。地德上載。陰陽沖和。五土四備。是以君子奪神工。改天命。**

繼大師註：點穴之法，古人以「乘金、相水、穴土、印木。」而表達之。

「乘金」，是以圓形為金，大凡龍脈到將結穴處，脈氣會突然收窄，然後連接到一個山丘，或至一山峰，「山丘」是穴結於低處之象徵，穴位若結於高處，必是山峰之高處。

無論山丘或山峰，當出現後，多必呈現半圓形頂，稱為「星頂」，穴結金形星頂下方不遠處，若星頂是山丘，穴是靠正此圓金形之山丘而結穴；若是山峰，脈氣由中間落下，到山腰或某一高度，出現一略凸之圓脈，貼着圓凸之脈前，出現一平托，為唇托，穴結脈之中間。

在平托上向穴方看去，穴之正後方，正靠圓金形山峰，山峰與結穴之間，有一條脈，或粗或幼，或左右擺動，此脈就是結穴之臍帶及胎息；無論山峰或山丘作穴之父母星，穴必作正靠，故穴法中，以「乘金」形容穴得乘金形山峰或山丘之脈氣。

印木者，指穴左右龍虎二脈由穴方前行至穴前，左右脈抱着穴前明堂，兩條左右守護脈，把明堂上之生氣抱着，而為穴所受用，直長者，形曰木，「印木」是指此左右護脈，雖然並不一定是直脈，但以「印木」去形容它，有時印木之脈是內向抱着明堂，這樣更為有情。

相水者，指穴左右側旁之凹位，凹位貼着穴之左右龍虎護脈，沿着內側，自穴之內明堂平地邊外，至穴之前方，而龍虎護脈，兩護脈端有一定的距離，穴之左右護砂內側下是凹位，若下雨，雨水貼着穴左右護脈內側至前方凹位而流出左右龍虎二脈外處，此兩條凹位之坑，便是界水，稱為「八字水」。

在穴之左右龍虎脈之內側稱為內八字水或小八字水，在穴左右龍虎脈之外側稱為外八字水或大八字水，風水家稱「兩水交合」，又名「合襟水」，以人們穿衣之領襟去形容它，此即是相水。

穴土者，四周包圍着，穴必在中心位置，中心為土，故中國亦稱中土，而穴之的位，骨骸葬於穴下泥土中，故稱穴土。穴土之下，因為是地氣集中之地，故土下有暖氣，稱為「地火」，以「金、木、水、火、土」五行齊備，符合於風水上之五行。

凡穴得位，生氣必聚，地氣必止，故四方八面之風不易入，故稱「外藏八風」，穴之五行齊備故曰「內秘五行」。「天光」是指穴向之方，得旺方向，以時運去配合，是指天運之方向，且得運，故曰「天光下臨」，地氣上昇而使骨骸得蔭，故稱「地德上戴」，地曰陰，天曰陽，故兩者皆得曰「沖和」，五行齊，四樣地勢（乘金、相水、印木、穴土）均俱備，故君子若明白這些風水天機，可以改變命運。

原文：**經曰。目力之巧。工力之具。趨全避缺。增高益下。微妙在智。觸類而長。玄通陰陽。功奪造化。**

繼大師註：郭璞引用古代風水經典而作説，指出尋龍點穴要有眼力，有功夫，眼要精巧細心，膽要大，心思精細，顧全四周環境，並要以穴為中心，去避開穴四周之缺陷。

若穴有不及之地方則要堆土增高，如在穴墳頂上堆土，使在下雨時，雨水從墳頂上分出兩傍流下，不致沖到墳頭。

「益下」者，把不協調而突出之土修葺削平，把不足的用堆土去補救，如穴之平地有凸出之石或土，可用人工削去，令地平穩。這些造葬的功夫，妙在人們之智慧，觸類旁通，靈活運用，能改變人之禍福。

原文：**上地之山。若伏若連。其原自天。若水之波。若馬之馳。其來若奔。其止若尸。若懷萬寶而燕息。若具萬饍而潔齊。若橐之鼓。若器之貯。若龍若鸞。或騰或盤。禽伏獸蹲。若萬乘之尊也。**

繼大師註：郭璞用了一大堆形容詞去形容地之大，他認為上等穴地，其來龍山脈似連此斷，這説明來龍氣脈有變化，力量很大。

其龍脈來源長遠，像由天上來似的，如水之波浪，如馬之奔騰；脈氣停止時，如死屍一般止下，如人得了很多寶物，如燕子在休息，如滿桌齊備之美酒佳餚，如充滿氣之皮囊，如裝滿物件之器皿，如飛龍鳳舞，或騰空或盤旋，如野獸在蹲下，如飛禽伏下。此種種之形容，均是説明龍穴及砂水之美，故是出皇帝之大地。

原文：**天光發新。朝海拱辰。龍虎抱衛。主客相迎。四勢端明。五害不親。十一不具。是謂其次。**

繼大師註：「天光」指墳碑所向之處，此指穴前明堂平地，要開陽；穴前方若然見海或湖等，水要環抱拱穴，水流要朝着穴方而來，穴是真得水。穴之左右方有守護山脈，抱衛穴場，主脈有情而下，穴正前方有特朝之山峰，祖山與朝山互相對應，左右又有山峰，像夾着耳旁一樣，出現在穴之左右正正位置，稱之為「夾耳峰」，此四應之山峰要明顯及端正，謂之「四勢」，即是天心十度之四應星。

五種禍害要遠離穴場，且不會發生，五種禍害穴場之事，即：

（一）因開拓道路而損害穴場。

（二）因發展城市而要掘去穴場。

（三）因開鑿溝池或窰灶或開採礦石而掘去穴場。

（四）穴場為權貴或政府所奪去。

（五）因開發耕地而掘去墳穴。

至於「十一不具」，是指穴地有十樣好處，而其中只有一樣不吉，這是其次的，而《**青烏經**》之〈**十不相**〉，即是：

（一）**不相粗頑醜石**——（穴地之山脈有大量粗頑大石塊。）

（二）**不相急水爭流**——（穴地前方有急流相交而發出巨聲。）

（三）**不相窮源絕境**——（水源之地。）

（四）**不相單獨龍頭**——（龍脈沒有支爪及左右護從。）

（五）**不相神前佛後**——（神廟、寺院附近。）

（六）**不相墓宅休囚**——（四週被山勢所囚困。）

（七）**不相山崗潦亂**——（山勢來脈雜亂。）

（八）**不相風水悲愁**——（低峽地方被風所吹而發出聲音。）

（九）**不相坐下低軟**——（地方位置極低，窩凹之地犯水煞。）

（十）**不相龍虎尖頭**——（穴地左右二砂端尖，為龍虎相鬥。）

此皆指穴之缺點，而致不能造葬。除此以外，還有很多方面，這些只是比較大的缺點，必須得明師親傳，始得點穴造葬之法。

原文：**山之不可葬者五。氣以生和。而童山不可葬也。氣因形來。而斷山不可葬也。氣因土行。而石山不可葬也。氣以勢止。而過山不可葬也。氣以龍會。而獨山不可葬也。經曰：「童、斷、石、過、獨」。生新凶。消已福。**（見111－112、115－116頁彩圖）

繼大師註：郭璞解釋十不葬較於出現有五種情況為輕，即是「童山、斷山、石山、過山、獨山。」

草木不生之山謂之童山，此為無地氣之山。龍脈斷掉，穴不能接脈氣，可能人為破壞，或是自然下陷等。此謂「斷山」。

龍脈地氣未曾停止，途中之脈，不能下葬，這謂之「過山」，葬下會使後人損丁，嚴重者絕後。滿山全是石塊，表示龍脈脈氣化煞未清，葬下會出人凶悍或有病，此謂之「石山」。

獨立之山脈，沒有護脈或肢爪，是孤獨龍頭，葬下人丁漸少，或有子出家，故只可用作神佛廟觀，此稱為「獨山」。

這五種山勢，包括地質方面，或自然界之破壞，作者引用《青烏經》中之語句，若不幸葬下，凶事會首先產生，福份會消失，故小心。

原文：**占山之法。勢為難。形次之。方又次之。勢如萬馬。自天而下。其葬王者。勢如巨浪。重嶺疊嶂。千乘之葬。勢如降龍。水繞雲從。爵祿三公。勢如重屋。茂草喬木。開府建國。勢如驚蛇。屈曲徐斜。滅國亡家。**

繼大師註：尋龍點穴卜葬之方法，作者認為山勢最為難認難審，而山形其次。方位又再次之。這山勢之看法，便是尋龍之法，「形」之法，便是山形之砂法，「方位」之法，便是理氣之法。故此是先是形勢巒頭，龍砂之法，再來是方向方位之理氣，兩者配合始能完備。

其山脈形勢如萬馬奔騰，由高處落脈，形容其龍脈力大，高而源遠，所謂千里來龍出皇者。龍脈形勢與巨浪般來，重重疊嶺，若結穴，則是出皇親國戚之龍穴。龍脈形勢飛降而下，有水流環繞相隨，如雲隨龍而行，是出高官，如三公之爵祿那麼厚。

若山之形勢，其來龍如重重之房屋級級而來，草木茂盛，若結垣局城市，可作首都之建設。若龍脈似驚蛇一般地走，屈曲而偏斜，無論陽居或建城市，主家破國忙。筆者繼大師認為，這要視乎個別情況而定，不能一概而論，城市之出水口若直長，或山勢粗頑，形有尖尅，山石無情，則易破敗。

原文：**勢如戈矛。兵死刑囚。勢如流水。生人皆鬼。形如負扆。有壟中峙。法葬其止。王侯崛起。形如燕巢。法葬其凹。胙土分茅。形如側罍。後岡遠來。前應曲回。九棘三槐。**

繼大師註：來龍地勢如戈矛兵器那樣兇頑，主應打仗陣亡或刑囚之災。「**地勢如流水**」是很抽象的，即是山脈沖下來，多條而亂，沖煞之脈多，主出人像鬼物。來龍山勢像天子朝諸侯而諸侯所靠背之有斧紋的屏風，而脈落下時有高出之地，四周環抱，有山丘高地對峙，若依穴法葬之，主應有王侯崛起。若山形如燕子之巢穴，依穴法葬於其中之凹處而沒有犯上界水之煞，此謂之「陰來陽受」，凸脈來龍為陰，凹脈為陽，葬下主應有被皇帝賜封為功臣之福。

「胙土」，是有功於朝廷而被賜給土地。山脈形勢如盛酒之器皿，來脈長遠，穴前有橫案之山回顧，屈曲朝來，出人有九卿之應，「九棘」（棘音擊），指古代九種階級之大臣，皆主出高官。

原文：**形如覆釜。其巔可富。形如植冠。永昌且歡。形如投算。百事昏亂。形如亂衣。妬女淫妻。形如灰囊。災舍焚倉。形如覆舟。女病男囚。形如橫几。子滅孫死。形如臥劍。誅夷偪僭。形如仰刀。凶禍伏逃。牛臥馬馳。鸞舞鳳飛。騰蛇委蛇。黿鼉龜鼈。以水別之。牛富鳳貴。騰蛇凶危。形類百動。葬皆非宜。**

繼大師註：山形如覆轉之古鍋，即是圓金形山丘，若在山丘頂結頂，葬下可致富。山形如若戴帽，其形即若圓若平，是土金形山，若有結穴，葬之昌隆且歡樂無憂。山形如扔掉之籌碼，出人百事昏亂；山形如亂衣，此指如掀裙紗，衣服被人除下之形，故出人淫亂。山形如灰囊，現代人稱之為煙灰缸，出後人宅舍火燭之災。山形如覆舟，主女人有病，男人犯法致有牢獄之災。

「山形如橫几。子滅孫死。」這段經之形容，是指橫欄之小桌子，如茶几等，若是穴前有橫放像茶几之山丘，是大吉之案山，應出讀書人。但若茶几反弓、反背，或有凸形之背去尖尅射穴，則是凶也，這要論山之有情無情，而不論其形狀，故此說存疑。但若葬在案山之頂，則無後靠，人丁易損。

若山形如劍，橫臥穴前作案山，主出武將，能誅殺侵略的外族，山若刀狀，刀口若向穴墳，主有凶禍，犯法潛逃。山形若像臥下之牛、奔馳的馬、飛舞的鸞鳳、屈曲跳躍的蛇、水魚龜類，以近水邊而作出分別，牛富而鳳貴，騰蛇則凶。

這些所有動物之山形，一般會出現在穴之四周，而對穴墳產生尅應，以秀麗、抱穴、朝穴、拜穴、跪穴、伏穴等為吉，以反弓反抱、走離穴場、側身、尖尅沖射、醜陋、巉巖、嵯峨等為凶，此砂法皆論有情與無情，而不論形。

至於穴法，一概皆論其是否真結或假結，是否真龍或假龍，再配合砂形而論，那更為準確地測出穴之吉凶，若反跳無情，所葬皆非適宜。以上之說法是概說，可作參考。

原文：**四應前按。法同忌之。**

繼大師註：四種應事之砂物 —— 牛馬、鸞鳳、騰蛇、鼉鼈，如前所述，其方法與上述之喜忌相同。

原文：**夫千尺為勢。百尺為形。勢與形順者吉。勢與形逆者凶。勢凶形吉。百福希一。勢吉形凶。禍不旋日。**

繼大師註：山若高千尺稱之為「勢」，百尺之山稱之為「形」，這形勢要配合；以上之說法較為抽象，一般如山脈由背向群山之一方，行走大海之一方，若近海之一方，其山嶺反高於近群山之一方，脈氣是逆向水流而行，但正常是水流之一方，是脈氣前去之處，這高低山脈與流水之大形勢不配合，一般點穴造葬，不能在脈氣逆流之中點穴，這是勢與形皆逆也。

若高山之一方順着流水而落脈，正是順勢，順則吉。這要視乎情況而定其形勢之吉凶，很難用文字去形容，總括的是，山形要順乎自然，脈氣止聚，穴前生氣凝聚，則吉凶立見。

原文：**千尺之勢。委蜿頓息。外無以聚內。氣散於地中。經曰不蓄之穴。腐骨之藏也。蓋噫氣為能散生氣。龍虎所以衛區穴。**

繼大師註：山形千尺高，其勢強而落下，脈要屈曲宛委而下，起出一平崗，是稍作休息，山脈然後再落下於低地，此為之真變化，氣脈由粗而變幼且純，為剝換變化。穴前有山脈關欄而橫截，則穴前之生氣被地脈截聚於穴範圍內，無橫案之山，穴前生氣便消散，不能結穴，若真如此，則是穴之缺陷。

郭璞引用古代風水經典，解釋穴之地氣不能蓄聚，則葬下先人，其骨腐化，因為形勢而使山中之空氣流動，氣動成風而將生氣消散於空中，故穴之左右山脈，以穴之坐山計算，左方為青龍，右方為白虎，穴得左右山脈守護，穴之內氣便能凝聚，故龍虎二砂是很重要的。

原文：**疊疊中阜。左空右缺。前曠後折。生氣散於飄風。經曰騰漏之穴。敗槨之藏也。經曰外氣所以聚內氣過水所以止來龍。千尺為勢。百尺為形。勢來形止。前親後倚為吉藏也。**

繼大師註：山丘中阜，重重疊疊，若在龍脈行進中，脈在中間落至一處，其左右二方是空蕩的，或有缺口可見的，指山與山之間的凹位，是坳峰也。

風從坳入，故稱坳風在側旁吹穴，這是缺乏左右龍虎砂手所致，而穴之前方空曠，沒有山脈關欄，後方之來脈又折斷，故生氣飄散，有風吹蕩，故非穴地也，此乃騰漏之穴，對棺槨有傷害。

郭璞引述風水經典，其謂以外來之山脈，去守護穴內之地氣，穴因外氣而把內氣凝聚，又橫過之水可以止蓄後來之脈氣，而山之千尺為勢，百尺為形，高出之山勢，抱着較低之地形，則矮之山被高之山所圍繞，故曰：「**勢來形止**」。

前方環抱，即山脈有情，有情則親，後有靠山可倚，這種地形，是真結穴而真氣潛藏。古人以巒頭形勢為點穴之法。

原文：**經曰地有四勢。氣從八方。故葬以左為青龍。右為白虎。前為朱雀。後為玄武。玄武垂頭。朱雀翔舞。青龍蜿蜒。白虎馴頫。形勢反此。法當破死。故虎蹲謂之啣尸。龍踞謂之嫉主。玄武不垂者拒尸。朱雀不舞者騰去。土圭測其方位。玉尺度其遐邇。**

繼大師註：地形之中有前後左右，正正是十字線，葬之地方，十字之四方有山峰，謂之四應星，穴在十字中心處，風水上之方位，以天上廿八星宿之名諱命名。

以穴坐山來說，本身坐着之左方為青龍，右方為白虎，前方為朱雀，後方為玄武，以象徵穴四周之方位，而此名諱，是星宿名，東南西北，四方各有七宿，共廿八星宿，以應天象。

若穴之後靠山峰像垂頭一樣，即靠山很照顧穴場，形不挺而垂；前方之山像飛禽跳舞一樣，表示有活力，有情護穴。左方山脈蜿蜒曲折，右方山脈，形象温馴而凶猛，顧穴及聽命於穴，此種種護穴之砂物，皆利於穴，是吉砂。違反此種種形勢，皆曰無情，主有凶險，甚至死亡。

若白虎方有山形開口，像動物蹲在地上，此謂之「啣屍」，左方龍砂盤踞而高大無情，此謂之嫉主，主奴欺主之格局；穴之後靠山峰不垂頭，或是昂頭，對穴無情，謂之拒屍；前方之山，不顧而走去，山走則財走人敗，凡此種種，皆凶砂，無情則凶。

「土圭」是古代測日影之儀器，「玉尺」是圭尺，用作量度方位及方向的工具，現代人用古代人所創做之羅盤，以測知穴之方位坐向，若穴之那一方尖尅沖射，當到那一方向之年份，便應生吉凶之事；如北方有凶山尖尅，北方在廿四山方位是「子」地支，當到子年地支，吉凶之事便出現。

原文：**以支為龍虎者。來止跡乎岡阜。要如肘臂。謂之環抱。以水為朱雀者。衰旺系乎形應。忌夫湍激。謂之悲泣。朱雀源於生氣。派於未盛。朝於大旺。澤於將衰。流於囚謝。以返不絕。**

繼大師註：龍脈之看法，以主脈在中間落者為主，左右兩旁為主脈之龍虎護脈，來龍及去脈之方均要明白，了了於心，觀其脈跡，便知其蹤影，山崗及山丘小阜，便是龍脈行經之軌跡，其山丘如肘臂，即順弓向內灣，此謂之環抱，即左右護脈順弓抱穴，以前方之流水為穴之朱雀。

砂物對穴場會產生吉凶之尅應，這要視乎其形狀吉凶，有情無情等。另山水之陰陽、碑穴之向配合收之。穴前若有水流，忌急湍而發出很大的聲音，像人悲泣之聲，凶也；穴之前方謂之：「朱雀」，其穴前平地明堂，是生氣所凝聚處。

穴前明堂之生氣，由明堂四周而來，明堂四周有山群環繞，則生氣便聚於明堂上空，四周山勢若低，明堂生氣便淺，穴前方之生氣流入明堂內，是順水或去水之格局，故明堂宜深，深則生氣愈盛，朝於穴則穴大旺。

「派」指水的支流，凡支流則是近水源之地方，或是剛剛形成水流之地方，眾多水流集合而成較大之水流，水便開始旺盛；「澤」指聚水的地方，水流在集合後而成湖、池等，然後再流出大海，水流聚後便流散，盡於海中，循環不息。

原文：**法每一折。瀦而後洩。洋洋悠悠。顧我欲留。其來無源。其去無流。經曰山來水回。貴壽豐財。山囚水流。虜王滅侯。**

繼大師註：看水流之方法，是水流每逢轉彎，水流便減慢，水氣便蓄一下，水流再去，水氣便加速前行，故水流轉彎屈曲越多，其水流減慢，生氣便稍聚一下，水流直去，生氣便消散得快，水流流過之地，有眷顧而不想流走之狀，這樣，水流一定是折回後方，然後再屈曲地慢慢前去，謂之：「**顧我欲留**」。

水流所來之處，若看不見其源頭，表示水流源流長，來水長遠；水流所流去之處，不見其蹤影，這表示水流直去，流得快速。郭璞先生引述古代風水經書，其意思是吉穴之位置，前山一級一級地漸低而來穴前，有水流迂迴曲折地流來，這是貴壽及財帛豐富之地。

若穴四周被高山圍困，此為「山囚」之地，穴前見水直流而去，是被外族入侵而致凶死之地，這包括城市垣局之地勢。

原文：**夫土欲細而堅。潤而不澤。裁肪切玉。備具五色。乾如穴粟。溼如刲肉。水泉砂礫。皆為凶宅。**

繼大師註：若是真龍結穴之地，其穴下之泥土幼而堅實，不鬆散，表示土質好而有地氣，泥土要柔潤而不濕，水份不多，當泥土掘開時，其橫切面出現有光澤顏色之泥土層，此稱為：「五色土」，是為「太極暈」，像雞蛋黃一樣。

若泥土像乾的粟米及穀子一樣，黏性很少，但握其土是堅實的，濕如濕土，沙石多而泥質少，有水有沙礫，此等土質非真龍結穴之泥土，葬之必招凶。

原文：**經曰穴有三吉。葬有六凶。**

藏神合朔。神迎鬼避。一吉也。

陰陽沖和。五土四備。二吉也。

目力之巧。工力之具。趨全避缺。增高益下。三吉也。

陰陽差錯為一凶。歲時之乖為二凶。力小圖大為三凶。

憑恃福力為四凶。僭上偪下為五凶。變應怪見為六凶。

經曰穴吉葬凶。與棄尸同。

繼大師註　：郭璞先生說穴有三種吉事，茲解釋如下：

（一）造葬埋骨以碑墳之坐山及祭主（福主）之生年為主，擇吉日吉時而扶山相主，配合墳穴之坐山，則有吉神、福神來相迎，惡鬼避開，即吉事來而凶事去。一吉。

（二）造葬穴地得山川地氣，符合陰陽五行，「**五土四備**」即穴得圓金形山作靠山，為「**乘金**」；穴前左右有雙水交合，為「**相水**」；左右有守護脈，為「**印木**」；穴得地氣在中位，為「**穴土**」。四種條件具備，則穴土之下有温暖地氣，為「**地火**」；故「金木水火土」五行盡齊。二吉。

（三）具備有點穴真功夫，技術高超，避開缺陷，迎合穴及四周山勢，穴位高低得宜，位的穴正。三吉。

穴之造葬有六凶。註者繼大師解釋如下：

一凶——穴地陰陽差錯，包括犯界水，山水之零正衰旺，即巒頭形勢及向度之陰陽差錯，巒頭不合理氣，格局方位方向不配。

二凶——造葬之時日犯上穴之向煞，包括坐山與日課沖尅。

三凶——穴地結得地方少，而墳穴造得太大，又或貪圖穴之大格局，缺乏脈氣，或本身福氣不夠，而勉強找上等大穴造葬而招來凶事。

四凶——本身又認為自己有錢，福份很大，再貪心找大地墳穴造葬，是自視福份高，又不懂得去布施修福，故錯造大地後而招凶。

五凶——穴地的位置故意點在人家已造葬之吉穴上方來龍處，是佔人家墳頭，故意攔截人家之地氣，這為「僭上」。「偪下」者，凌逼下方人家已造葬之墳穴，意思相同。

六凶——地師所點之穴，自己有怪異之見解，本身是錯誤之理念，錯點穴地，或造葬有誤。

若穴之地點本身是吉的，而錯誤造葬，與地方不配合，或錯立方向，或不懂修補穴之缺陷，而招致凶事，故曰：**「穴吉葬凶。與棄屍同」**。

原文：**經曰勢止形昂。前澗後岡。龍首之藏。鼻顙吉昌。角目滅亡。耳致侯王。唇死兵傷。宛而中蓄。謂之龍腹。其臍深曲。必後世福。傷其胸脇。朝穴莫哭。是以禍福不旋日。經曰葬山之法。若呼谷中。言應速也。**

繼大師註：郭璞先生引用古人風水經書，意謂，龍之形勢若有止蓄之勢，必起出一山峰，山峰突出明顯，左右伸展開去，像動物之頭部昂起，左右開出，像動物之左右手撐着地一樣。

若是真龍，其行進間必然出現有左右守護山脈同行，是真龍之護纏，真龍肢爪向左右外邊伸出，若將結穴，其肢爪一定向前方撐去，山峰出現有昂頭之勢，前去不遠，必定有穴可結。此乃觀察真龍之方法。

龍脈若有結穴，前方有橫欄之水、溪或澗，澗外有橫放之山丘，穴對橫案，後倚山峰或山岡之丘頂，是父母靠山，此是結穴之象徵。

穴若在龍頂之上結作，龍頂者是山丘之頂，其頂必平而高出，左右前三方有更高之山脈守護，穴前萬山來朝，此乃山頂結穴之地；若山丘不平而帶圓，再前方有脈落下，頂丘左右開出二脈，脈氣中間落下，位置結在山丘之四份三高處。

若出現有一平托，左右又有侍脈守護，這樣之高度已結穴，可稱為龍之額位，在下方少許，若出現有平托氈唇，則稱為龍之鼻，無論穴是結在龍之頭頂、額上或鼻樑上，其特點是必須有：

（一）中間落脈，左右有守護之脈。

（二）後有更高的靠山，如果是山丘頂結穴的話，若龍額、龍鼻結穴，則龍頂後方之山丘，便是父母靠山。

（三）穴之正前方，出現有略高之橫案，遠方有朝山。

（四）穴前有平托，為穴之內明堂，這種情況下，均是真結龍穴。

如果眼力不足，點有龍脈頂部之左或右角位，或山丘像人之眼部位置，沒有平托，脈氣未止，葬下必多孤絕，受脈之沖煞，及左右有風吹，或前方沒有平托而有跌向前方之勢，均不是真結穴地，葬下後代人丁敗絕。故謂：「**角目滅亡**」。

郭璞說，若葬在龍耳上，便出侯王，葬在龍之唇上則有刀兵劫而致死或傷。這種說法是太慨之說，原則上，葬在龍耳上，即是葬於山峰約四份三之高度位置，「耳」是有凹位的，即是該地方前有小平地，是符合點穴之法，至於葬於龍唇上，即是葬在山峰中間略下之地而在平托之上。

「托」即是唇；為「平托」之處，是脈氣止後之餘氣處，平托是兜收略後一點之脈，是為穴所用，在平托上造葬，則易犯上被水侵之險，故凶。

龍脈行至山峰處，其山勢落脈彎曲而下，左右有守護之脈，且脈由外彎向內，護着中間主脈，其高度在山腰之處，以人身作比喻，約在肚臍與腹部之間，地氣凝聚處，故葬下後人必有福份。

山脈高度，約為人之胸脇位置，若有破壞，或穴前方正朝山或正朝之近案山，若遭到人為或天然之破壞，如開礦掘去，開公路，或發展大型屋村等，現時中國大陸南方發展迅速，很多地方之山脈夷平。

註者繼大師曾在大陸某地見一穴，前方近案之山被掘去，剋應二房後人，未幾，即聞其二房人口有損傷，穴前之朝案山，很重要，影響快而直接，故若「**朝穴莫哭**」。故此郭璞先生說，是以禍福之轉變，只在朝夕之間，吉凶正是無常，又是無不常。

作者引用古代風水經書，指出造葬風水之方法，其剋應如同人們在山谷中大聲呼叫，必定出現迴音，更強調造葬後，無論好壞，必剋應迅速。

《本篇完》

（十）郭璞葬書註譯後言

繼大師

《葬書》是晉代郭璞所著，其版本有兩種，第一種有八十一句，共有三百五十五字，內容簡潔，但閱下覺有未完之感。繼郭璞以後之風水歷代名家，均認同此版本是郭璞之手筆。在《新編秘傳堪輿類纂人天共寶》〈卷之三〉，內231頁載有此版本，是海陽、黃慎仲先生編輯。

第二個版本，其全名是《古本葬書內篇》是津逮叢書本，由順德、龍裕光校錄，明義書局藏版，輯錄在《葬書翼、葬書翼箋注》一書內。第195至203頁，全葬經共約有1660字，是第一種版之五倍字數，由台灣集文出版社出版。

由於此版本是由金國之丞相兀欽仄所註解，有清代風水明師說其語不像漢人，所以未被歷代堪輿家所認同，綜合兩種版本，第二種版本比較詳盡，內容全包括第一種版本。

筆者繼大師觀兩種版本之內容，其語句有引用秦、樗里子著之《青烏經》，全部用四字句法居多，其內容雖然見解正確而精闢，但仍屬隱秘，若未有堪輿之山脈巒頭形勢功夫，是很難看得懂看得明的，因其句詞濃縮，意義廣闊，未得明師傳授，是無法明瞭。

觀【晉】以後，風水名家們的風水著作中，大部份引用郭璞所著之《葬書》內文，其中有：「**深淺得乘。風水自成。**」一句語，而地學或堪輿學則變為「風水學」。

一說起「風水」，現代人均明白是什麼東西，亦以英語（FENG SHUI）為外語之譯文，西方人一聽便明白是什麼，故《葬書》一書，成為風水學之經典代表著作書籍。

此《葬書白話註譯》，是取自第二種葬書版本作註譯，力求詳盡，除以意譯外，亦加以註解，祈望學習風水者能明白其中內容，則不負筆者繼大師註譯之心血。

能將風水名家所著作之古籍作白話意譯及註解，雖然是一件非常吃力又不討好的工作，但為了中華風水學問上之延續，風水文化之傳燈，辛苦也是值得的。

風水巒頭是形勢學問，不重於能知道它的道理，最重要的，就是實踐它的理論而達於實際上的認知，故此，若要明瞭此道，須得明師親自登山講解傳授，學者又能努力苦心鑽研，又能樂意虛心接受師父所傳，師父又肯樂意講解，假以時日，必能到達一定的水準，則中華風水學問，可傳宗接代地流傳，法脈傳承不絕。

若以風水作騙財騙色的工具，則自作孽，不可活；地師若能精風水，行持正道，可助人們邀福，得福後而能施財，則善風廣播，亦可將現代社會上之戾氣化為祥和。故風水一道，是入世行善方便法門，是有存在必要。此《葬書》之註解及意譯，祈望能使優良的風水古籍，內容精神不滅，得以續其慧命，傳薪不斷，是筆者繼大師之厚望。

《本篇完》

後記

繼大師

風水是一門艱深難懂的學問，往往以假亂真，魚目混珠，今人多沒有巒頭形勢上之功夫，於是把路線放在「擺設風水物品」上，以放置「安忍水、風鈴、麒麟、獅子……」甚至古怪之物品，未在風水學問上下功夫，而轉移販賣風水物品，這是心理多於功效。

試觀古人之風水名師「管輅及郭璞」先生，他們之風水著作中，全部以「風」及「水」，加上山川形勢、水流地域等去分析，以風水上之形勢，作出吉凶判斷，在著作中，沒有出現標奇立異的風水名詞，其內容是教人如何看山、觀察流水、藏風聚氣等，亦特別提倡在風水上最重要的見解，即是：「**風水之法。得水為上。藏風次之。**」又強調「**風來水去。……界水止來龍。脈遇水止。**」等風水理念。

筆者繼大師在註譯古籍風水學說上，竭盡本能，帶出古人明師對風水學理上的觀念，祈望後來學者，能將古代傳統風水理念傳承下去，不致本末倒置。寫一偈曰：

風水一道。氣聚藏風。得水為上。勿迷岔路。

《本篇完》

榮光園有限公司出版 —— 繼大師著作目錄：

已出版：正五行擇日系列

一《正五行擇日精義初階》二《正五行擇日精義中階》

風水巒頭系列 — 三《龍法精義初階》四《龍法精義高階》

正五行擇日系列 — 五《正五行擇日精義進階》六《正五行擇日秘法心要》七《紫白精義全書初階》

八《紫白精義全書高階》九《正五行擇日精義高階》十《擇日風水問答錄》

風水巒頭系列 — 十一《砂法精義一》 十二《砂法精義二》

擇日風水系列 — 十三《擇日風水尅應》 十四《風水謬論辨正》

風水古籍註解系列 — 十五《三元地理辨惑》馬泰青著 繼大師標點校對

十六《三元地理辨惑白話真解》馬泰青著 繼大師意譯及註解

風水巒頭系列 －十七《大都會風水秘典》十八《大陽居風水秘典》

三元卦理系列 －十九《元空真秘》原著及註解上下冊（全套共三冊）劉仙舫著 繼大師註解

風水祖師史傳系列 －二十《風水祖師蔣大鴻史傳》

三元易盤卦理系列 －廿一《地理辨正疏》蔣大鴻註及傳姜垚註 張心言疏 繼大師註解（全套共上下兩冊）廿二《地理辦正精華錄》

大地遊踪系列 －廿三《大地風水遊踪》廿四《大地風水神異》廿五《大地風水傳奇》與 廿六《風水巒頭精義》限量修訂版套裝（廿五與廿六全套共二冊）

正五行擇日系列 －廿七《正五行擇日精義深造》

風水古籍註解系列 －廿八《千金賦說文圖解》－（穴法真秘）－ 劉若谷著 繼大師註解

風水巒頭系列 －廿九《都會陽居風水精義》卅《水法精義》

正五行擇日系列 －卅一《正五行擇日尅應精解》

風水巒頭系列 －卅二《風水秘義》

卅三《穴法精義》 風水古籍註解系列－卅四《奇驗經說文圖解》－目講師纂－繼大師註解

風水祖師史傳系列－卅五《風水明師史傳》

正五行擇日系列－卅六《正五行擇日訣法》

風水祖師史傳系列－卅七《風水明師呂克明史傳》〈非賣品〉個人收藏版，隨《玄空真解》附送

風水古籍註解系列－卅八《玄空真解》上下冊－繼大師註解（全套共六冊）

三元卦理系列－卅九《三元地理命卦真解》

風水古籍註解系列－繼大師註解 四十《管虢詩括暨葬書釋義》四十一《風水靈穴釋義》

未出版：

四十二《大地墳穴風水》四十三《香港風水穴地》四十四《廟宇風水傳奇》

四十五《香港廟宇風水》四十六《港澳廟宇風水》四十七《中國廟宇風水》

風水古籍註解系列－繼大師註解 四十八《青烏經暨風水口義釋義》

四十九《管氏指蒙雜錄釋義》 五十《雪心賦圖文解義》（全四冊）

榮光園有限公司簡介

榮光園以發揚中華五術為宗旨的文化地方，以出版繼大師所著作的五術書籍為主，首以風水學，次為擇日學。

風水學以三元易卦風水為主，以楊筠松、蔣大鴻、張心言等風水明師為理氣之宗，以巒頭（形勢）為用，擇日以楊筠松祖師的正五行造命擇日法為主。

為闡明中國風水學問，用中國畫的技法劃出山巒，以表達風水上之龍、穴、砂及水的結構，以國畫形式出版，亦將會出版中國經典風水古籍，加上插圖及註解去重新演繹其神韻。

日後榮光園若有新的發展構思，定當向各讀者介紹。

作者簡介

出生於香港的繼大師，年青時熱愛於宗教、五術及音樂藝術，一九八七至一九九六年間，隨呂克明先生學習三元陰陽二宅風水及正五行擇日等學問，於八九年拜師入其門下。

《管虢詩括暨葬書釋義》郭璞、管輅著 繼大師譯註

出版社：榮光園有限公司 Wing Kwong Yuen Limited
香港新界葵涌大連排道35 - 41號, 金基工業大厦12字樓D室
Flat D, 12/F, Gold King Industrial Bldg. , 35-41 Tai Lin Pai Rd,
Kwai Chung, N.T., Hong Kong

電話：(852) 6850 1109
電郵：wingkwongyuen@gmail.com
發行：聯合新零售(香港)有限公司 SUP RETAIL (HONG KONG) LIMITED
地址：香港新界荃灣德士古道220～248號荃灣工業中心16樓
16/F, Tsuen Wan Industrial Centre, 220-248 Texaco Road, Tsuen Wan, NT, Hong Kong
電話：(852) 2150 2100
電郵：info@suplogistics.com.hk

印刷：榮光園有限公司 Wing Kwong Yuen Limited
作者：繼大師
繼大師電郵：masterskaitai@gmail.com
繼大師網誌：kaitaimasters.blogspot.hk

《管虢詩括暨葬書釋義》郭璞、管輅著 繼大師譯註

ISBN：978 - 988 - 70695 - 1 - 5
定價HK$ 500-
版次：2025年4月第一次版

ISBN 978-988-70695-1-5
9 789887 069515